全国中等职业学校课程改革规划教材

Qiche Wenhua
汽车文化

孙宝水 主 编

人民交通出版社股份有限公司
China Communications Press Co.,Ltd.

内 容 提 要

本书是全国中等职业学校课程改革规划教材，其以项目教学和课题任务的形式，概括介绍了汽车史话、汽车名人、世界著名汽车公司车标及其品牌、汽车相关知识、汽车外形与色彩、汽车运动、汽车维修技能大赛、未来汽车等方面的内容。

本书体例新颖，图文并茂，内容深入浅出，语言简明，是认识汽车、感受汽车文化的入门教材。本书可作为中等职业学校汽车类专业的教材，也可供汽车爱好者参考阅读。

图书在版编目（CIP）数据

汽车文化／孙宝水主编．— 北京：人民交通出版社股份有限公司，2017.4
全国中等职业学校课程改革规划教材
ISBN 978-7-114-12151-7

Ⅰ.①汽⋯　Ⅱ.①孙⋯　Ⅲ.①汽车－文化－中等专业学校－教材　Ⅳ.①U46-05

中国版本图书馆CIP数据核字（2017）第034209号

全国中等职业学校课程改革规划教材
书　　名：汽车文化
著 作 者：孙宝水
责任编辑：李　良
出版发行：人民交通出版社股份有限公司
地　　址：（100011）北京市朝阳区安定门外外馆斜街3号
网　　址：http://www.ccpress.com.cn
销售电话：（010）59757973
总 经 销：人民交通出版社股份有限公司发行部
经　　销：各地新华书店
印　　刷：北京市密东印刷有限公司
开　　本：787×1092　1/16
印　　张：7.75
字　　数：176千
版　　次：2017年4月　第1版
印　　次：2017年4月　第1次印刷
书　　号：ISBN 978-7-114-12151-7
定　　价：31.00元

（有印刷、装订质量问题的图书由本公司负责调换）

前　言

汽车作为现代社会必不可少的交通工具，是人类社会不断更迭进步的代表性成果之一。汽车文化作为汽车发展的缩影，体现了人类对科技、便捷、高效与美的不断追求。汽车文化作为汽车领域的基础性知识，对从事汽车相关工作的人员来说，是一项具有实际意义的知识要求。

《汽车文化》作为全国中等职业学院课程改革规划教材之一，编写过程充分考虑了"创新职业教育理念、改革教育教学模式、提升学生职业素质、适应经济社会发展"的指导思想，突出了职业教育的特色。本书共包括八个项目，主要以汽车领域的重要事件与代表人、汽车基本知识、汽车未来的发展方向等主要内容进行展开介绍。希望本书能够更好地为职业院校服务，为汽车维修技术人员与汽车爱好者提供帮助。

本书由孙宝水担任主编，参加编写的还有张军文、刘洪明、李剑、陈娟、高洪锁、黄建峰、董立伟。

由于编者水平有限，书中难免有不足之处，诚恳希望使用本教材的师生、有关专家和广大读者批评指正。

编　者
2016 年 12 月

目 录

项目一　汽车史话

课题一　汽车萌芽阶段 2
课题二　汽车的诞生 6
课题三　世界著名汽车公司的发展 7

项目二　汽车名人

课题一　世界著名汽车公司创始人 16
课题二　世界汽车技术杰出名人 22
课题三　中国汽车名人 25

项目三　世界著名汽车公司车标及其品牌

课题一　欧洲著名汽车公司车标及其品牌 32
课题二　美洲著名汽车公司车标及其品牌 36
课题三　亚洲著名汽车公司车标及其品牌 38

项目四　汽车相关知识

课题一　汽车的定义和分类 45
课题二　汽车总体构造 47
课题三　汽车编号 50
课题四　汽车与环境 54
课题五　汽车召回制度 59

项目五 汽车外形与色彩

课题一 汽车外形与装饰 63
课题二 汽车色彩 70

项目六 汽车运动

课题一 汽车运动的起源 76
课题二 汽车运动的种类 78
课题三 汽车时尚 87

项目七 汽车维修技能大赛

课题一 汽车维修技能大赛 92
课题二 世界技能大赛及与汽车相关的赛项 98

项目八 未来汽车

课题一 汽车电子化和网络化 102
课题二 汽车智能化 107
课题三 新能源汽车 110
课题四 汽车新材料 115

参考文献

项目一 汽车史话

学习目标

完成本项目学习后,你应能:
1.了解汽车萌芽阶段的状况;
2.了解第一辆汽车、第一台柴油机的诞生;
3.了解汽车在德国、法国、英国、意大利、美国、日本、中国等的发展。

建议课时

4课时。

项目描述

汽车自发明至今已有一百多年的历史,它不仅是人们生活中不可缺少的交通工具、运输工具,而且被赋予了很多文化内涵。随着国民经济的持续健康发展,汽车逐步进入普通家庭,民众对汽车的兴趣与日俱增。在这种形势下,越来越多的青少年学生选择学习汽车专业。

学习本项目,可以对汽车的发展历史有一个概括性的了解,为我们感受、传播和弘扬汽车文化打下良好的基础。

情景导入

自远古起,人类一直以坐马车、骑马或乘帆船所需的时间来表示不同地方之间的距离。但现在人类能够凭借飞机、轮船越过大陆和海洋,世界似乎变小了。这些改变都是从人类开始利用煤的能量、能大量地冶炼铁、能同时纺100根纱线开始的。

蒸汽动力在希腊化的古埃及时代已为人们所知道,并且得到了应用。但是,当时还仅仅用于开关庙宇大门。1702年前后,一台原始的蒸汽机由托马斯·纽科门制成,并被广泛地用于从煤矿里抽水。但是,比起所提供的动力来,它消耗燃料太多,所以经济上仅适用于煤田本身。1763年,格拉斯哥大学的技师詹姆斯·瓦特开始改进纽科门的蒸汽机。他同制造商马修·博尔顿结成事业上的伙伴关系，博尔顿为相当昂贵的实验和初始的模型筹措资金。这一组合证明是极其成功的，到1800年瓦特的基本专利权期满终止时，已有500台左右的博尔顿—瓦特蒸汽机投入使用。其中38%的蒸汽机用于抽水，剩下的用于为纺织厂、炼铁炉、面粉厂和其他工业提供旋转式动力。

　　蒸汽机的发明和应用，为汽车登上历史舞台铺平了道路。

课题一　汽车萌芽阶段

车轮和车

　　早在原始社会，人们主要以打猎为生，打到像野猪这样的大猎物，扛着走显然太累，这就激发了人类偷懒的本性——找根绳子拖回去显然要比扛着走省力。

　　如果再找几根树枝做个托架，运送重物又轻便很多。把圆木放到托架下面，滚动摩擦力比滑动摩擦力小得多，把托架放在滚木上拖动起来更加省力。托架和滚木的应用可以算是在那个时代最伟大的发明，算是最先进的交通工具了。

　　再把滚木中间或两边的部分削一削，使其变细成为轴，两边或中间的部分就成了轮子。随着车轮的发明，车的雏形也随之出现了（图1-1）。在相当长的时间里车出现过两种驱动形式：前拉式（图1-2）和后推式。

a) 滑动托架　　　　　　　b) 原始独轮车

图1-1　原始运输工具

　　图1-3是多年前苏美尔人的战车，那时的人们已经认识到取整块圆木做车轮既不方便又不结实，而用两三块木板拼接成圆形的车轮却是一个好方法。

　　从图1-4所示的壁画上可以看出，古埃及时代的人们已经学会制作轮辐，这样的轮子不但牢固而且轻巧，绝对不是偷工减料。

　　千百年来，许多聪明的人制作出了车上的许多装置，例如古罗马时代的马车，其前轴具有转向机构，能使车辆灵活转弯（图1-5）。

图1-2　中国古代马车

图1-3　苏美尔人的战车

图1-4　埃及人制作的车轮

项目一　汽车史话

虽然车子被人们改进了，但是替代牛马拉车的动力却始终没有找到。有人看到海上的帆船借助风力可以远航，就试着把风帆装到车上或者把帆船装上车轮，在海边有风的地方居然跑得还很快。但是陆地上的风力毕竟有限，风帆车没能大行其道。其实人们也早看惯了马车、牛车，认为它们天经地义，没有什么不合理的。

二　寻找动力

事实上需要动力的不仅仅是车，采矿、纺织、炼铁等很多行业都一样。最渴望新动力的是18世纪英国的煤矿（图1-6），矿工们不但要把煤从地下运上来，还要对付大量的地下水，这就需要制作大型的绞盘，而拉绞盘的劳力又是可怜的马匹。矿井越挖越深，地下水越来越多，这就需要增加大量的马匹。

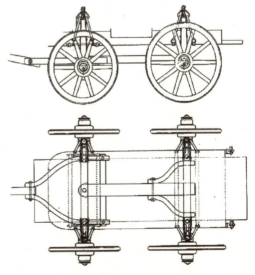

图1-5　古罗马人的马车

图1-6　18世纪英国煤矿

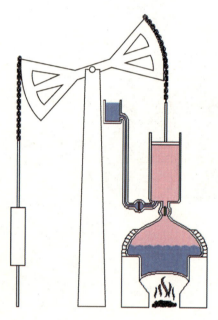

图1-7　纽科门蒸汽机

18世纪英国很多大型矿厂，经常要动用好几百匹马去拉水泵，每匹马都需要喂养，还得雇佣马夫，费用实在太大，矿主大声疾呼，需要发明一种新的机器代替人、畜抽水。

人们知道热量能产生动力之后，就有不少人动起了蒸汽的脑筋。1712年，英国铁匠纽科门制作出了较为实用的机器（图1-7）：将锅炉中的水烧开，蒸汽向上把活塞顶了起来，然后上面的水箱就喷出冷水撒到汽缸内，这就加快了汽缸的冷凝，这也是纽科门最聪明的设计。在活塞被吸下去的过程中，带动旁边的两根连杆，大的连杆带动抽水，小的连杆补充水箱中的冷水用于下一次冷却，如此往复，蒸汽机终于吱吱呀呀地在矿井中抽水了。

纽科门蒸汽机大部分是用木头做的，体积巨大，有一座房子这么高，每分钟往复运动12次，工作效率很低。

半个世纪后，瓦特研究了纽科门蒸汽机，认为不合理，好不容易把汽缸烧热，又要泼凉水，浪费实在太严重。要是在汽缸旁边有一个单独的冷凝器始终保持低温，让蒸汽自动进入冷凝器冷却就好了。瓦特的研制发明是这样的（图1-8）：同样是用锅炉产生蒸汽，加上几个阀门控制蒸汽的流向。让蒸汽先入汽缸做功，再入冷凝器冷却。冷凝器泡在冷水之中，所以能始终保持低温。当然，阀门的开关是靠活塞运动自动控制的。比起纽科门蒸汽机，瓦特的发明更加先进，热效率更高。

这时的蒸汽机不仅能用于矿井抽水，还能加上曲轴连杆，产生旋转的运动，为纺织、炼铁各种行业提供了动力。为了改进和完善蒸汽机，瓦特几乎耗尽了一生的精力。就是这个发明触发了英国的工业革命，技术上的领先使英国人的足迹几乎遍及全世界。后来蒸汽机不断被改进（图1-9），新技术层出不穷，其功率越来越大，工业效率也越来越高。

在随后的日子里，一些人不满于蒸汽机的笨重，希望解决掉蒸汽机上沉重的锅炉，从而可以有更灵活的应用，于是他们打起了汽缸的主意，甚至有人试想将炸药置于汽缸中，靠爆炸推动活塞。尽管这种方法不成功，但却引发了一系列"缸内燃烧做功"的想法。当人们发现将可燃气体和空气以一定比例混合，点燃后会剧烈膨胀并产生很大的压强，如果这个程度控制得当的话，会是一种很好的能源技术。就这样，内燃机时代来了。

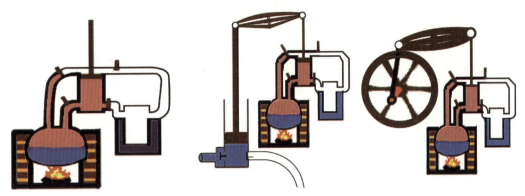

图1-8　瓦特蒸汽机的原理　　　　　　　图1-9　改进的蒸汽机

1858年，法国技师勒诺巴赫制成了煤气内燃机，尽管转速已达到100r/min，但是运行不太稳定，消耗也大，并且把它装到车上还要携带庞大的煤气罐。由于没有压缩，它还不能算是真正意义的内燃机。

就像瓦特研究纽科门蒸汽机获得成功一样，德国工程师奥拓1862年开始研究勒诺巴赫的煤气内燃机，并大量改进。1876年，奥拓成功地制作出了四冲程煤气内燃机（图1-10），转速可达到250r/min，被誉为自瓦特蒸汽机以来最伟大的动力机械。

1897年，德国工程师狄塞尔设想将吸入汽缸的空气高度压缩，使其温度超过燃料的自燃温度，再用高压空气将燃料吹入汽缸，使之着火燃烧。他研制成功了压缩点火式内燃机（柴油机）(图1-11），为内燃机的发展开拓了新途径。

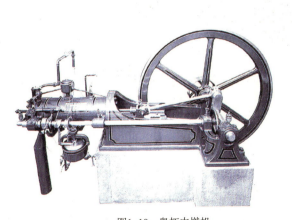
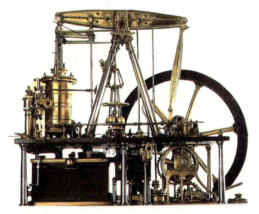

图1-10　奥拓内燃机　　　　　　　　　图1-11　第一台柴油机

1936年，奔驰公司制造出第一台装有狄塞尔发动机的轿车。到1950年左右，柴油机得到了广泛应用。

课题二　汽车的诞生

一　蒸汽汽车的发明

蒸汽机既然能产出旋转的动力，自然有人立刻把蒸汽机装到车船上去。法国陆军技师、炮兵大尉尼古拉斯·古诺，早在1769年就开始尝试为部队制造蒸汽机车（图1-12）。他设计的这辆大车在车架前面装有一个大锅炉，锅炉下生煤火，由一根管子把锅炉内的蒸汽引入车子前轮上方的汽缸里，利用蒸汽压力推动活塞，两个往复运动的活塞再通过连杆与曲轴相连，曲轴与车轮之间用棘轮结构，驱动车轮旋转。这辆车子走起来时，浓烟滚滚，蒸汽腾腾，远远看去好像是要把一大锅汤送去什么地方似的。

图1-12　尼古拉斯·古诺的蒸汽机车

尼古拉斯·古诺显然把注意力都放在了这锅"汤"上，而没有注意转向机构和制动，结果在一次试车下坡时撞到了兵工厂的墙上，制造了人类历史上第一次机动车事故。这种蒸汽机车的锅炉既大又重，煤烟四处飞扬，每开一段时间就要下车给锅炉加煤，导致车速非常慢。所以，蒸汽汽车没有像火车、轮船那样蓬勃发展起来。

二　第一辆汽车的诞生

奥拓的内燃机具有划时代的意义，四冲程理论的地位也被确定了下来，但奥拓内燃机有两吨重，而且使用煤气作燃料，煤气热值低，再想提供动力和转速就很困难了。而从石油中提炼出来的汽油却非同凡响，汽油是液体但很容易挥发，如果想办法把汽油气化后再点燃，就会产生很大的爆发力，远比煤气厉害。那如何气化汽油呢？在人们争先恐后的研发中，化油器就诞生了（图1-13），先是浮筒式的，然后是喷雾式的。

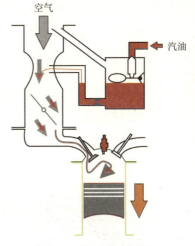

图1-13　化油器工作原理

解决了燃料问题，还要缩小发动机的尺寸。好在机械方面一直是德国人的强项，一旦研究成功便马上装到车上去。事实证明，选什么样的车装发动机比发动机本身要重要。把发动机装上自行车的人成了摩托车的发明者，这个人就是德国工程师戈特利布·戴姆勒。卡尔·本茨则把发动机装到三轮车上（图1-14），被公认为汽车的发明者。尽管戴姆勒后来又把发动机装到了四轮车上（图1-15），但"汽车的发明者"的桂冠却已经被本茨摘取。

图1-14　本茨的第一辆三轮汽车

图1-15　戴姆勒的第一辆四轮汽车

课题三　世界著名汽车公司的发展

一　德国汽车发展史

1885年10月，卡尔·本茨设计制造了世界上第一辆三轮汽油汽车，他的妻子贝尔塔驾驶它时走时停地开了100多km，成为世界上第一个女驾驶员。1886年1月，本茨取得了专利权，德国人便把1886年称为汽车诞生元年。同年戈特利布·戴姆勒也发明了一部四轮汽油汽车。两人各自成立了自己的汽车公司，1926年两家合并为戴姆勒—奔驰汽车公司。

汽车产生的诱人前景使德国的汽车厂纷纷出现，一些其他行业的厂家也转向汽车生产。

1934年1月，著名汽车设计大师波尔舍成立了大众汽车公司，得到希特勒政府的支持，而随后开发的甲壳虫汽车（图1-16）令大众迅速成为国际性的汽车厂商。

德国汽车以质量好、安全可靠而著称，奔驰、宝马等豪华车和保时捷跑车在世界车坛享有盛誉，经久不衰，其品牌含金量极高。所以，1998年戴姆勒—奔驰公司与克莱斯勒合并时，其年产量仅百万辆有余，克莱斯勒年产量近400多万辆，但戴姆勒—奔驰取得了新公司的支配权。当然，德国汽车一味追求高档、豪华也给其市场开拓带来了一定的难度，除了大众公司能以真正大众特色的产品雄居世界十大汽车厂商第四位外，其他公司的产量都不高。

图1-16　甲壳虫汽车

二 法国汽车发展史

在汽车发展史上，法国人有着自己独特的地位。

早在1769年，法国陆军军官居尼奥就在政府的支持下试制成功了世界上第一辆具有实用价值的蒸汽汽车，从而引发了世界性的研究和制造汽车的热潮。但随后到来的法国大革命却让法国的汽车研究中断了几十年。直到1828年，巴黎技工学校校长配夸尔制造了一辆蒸汽牵引汽车，其独创的差速器及独立悬架技术至今仍在汽车上广泛应用着。

法国出现第一辆汽油汽车是在1890年，由阿尔芒·标致创立的标致公司生产。第一次世界大战前，标致的年产量为1.2万辆，到1939年达到4.8万辆。而1915年创办的雪铁龙汽车公司发展更快，在20世纪20年代初，年产量就突破10万辆，占法国汽车产量的三分之一。另一创办于1898年的雷诺汽车公司发展得也很快，1914年便形成了大规模生产，一战期间借军火生产而筹集了大量资金用于汽车生产。

二战期间，雷诺公司为德国法西斯效劳，为德国军队提供了大量坦克、飞机发动机和其他武器。战争结束后，雷诺公司被法国政府接管，路易·雷诺也被逮捕。在政府支持下，雷诺公司兼并了许多小汽车公司，1975年汽车年产量超过了150万辆，成为法国第一大汽车厂商，而标致汽车公司的产量也在战后20年内猛增十几倍，一跃成为法国第二大汽车公司，到20世纪80年代更是超过雷诺而登上榜首。雪铁龙汽车公司则因经营不善而被标致汽车公司于1976年收购。

法国汽车的总体特点是车体较小而设计新颖，符合大众化的需求，因此，在西欧成为家庭轿车的热门。雷诺的"丽人行"微型车（图1-17）在欧洲曾多次获销量第一的佳绩。但是在豪华车、跑车领域，法国汽车公司就不如美、德、日等国汽车公司出色，这成为法国汽车业的遗憾。

三 英国汽车发展史

在汽车发明的一百多年里,英国车一直被认为是代表着汽车工艺的极致以及品位、价值、豪华、典雅。

在人们的心目中,劳斯莱斯与其姐妹品牌宾利一直是轿车家族中的极品,被誉为"英王皇冠的明珠"。劳斯莱斯汽车公司创始人是劳斯和莱斯两人。为了保持品牌的含金量,从成立那天起,劳斯莱斯公司一直坚持手工生产,只醉心于质量而不追求数量。直到今天,该公司虽然采用了一条流水线,但其年产量仍然限定在2000辆左右。

1907年,劳斯莱斯曾推出了噪声极低、行驶起来像幽灵一样的高级轿车,后来被人们称之为"银色幽灵",简称"银灵"(图1-18)。英国女王宣布:今后不再乘马车,改坐"银灵"轿车。自推出"银灵"以来,劳斯莱斯成为各国元首、皇室、贵族必备的"坐骑"。不少影星、歌星及百万富翁也想拥有劳斯莱斯这种"世界上最好的轿车",以此炫耀自己的阔气。但是,劳斯莱斯轿车并不面向所有想拥有它的人,公司对劳斯莱斯轿车购买者的身份及背景条件有严格的审查和要求。可以说,正是其不惜成本打造豪华车、限量生产及其对购买者的"选择",使劳斯莱斯身价倍增,最终成为全世界公认的贵族品牌。

图1-17 "丽人行"微型车

图1-18 1907年生产的"银色幽灵"

但从20世纪80年代开始,劳斯莱斯开始受其品牌定位所累,企业经营陷入了困境。由于公司从成立之日起,就抱定了为上流社会少数人服务的宗旨,这种"官老爷"式的经营方式吓跑了不少购车人。即使是劳斯莱斯汽车销售最好的1990年,也只不过是创下3000多台的历史最高纪录。1991年和1992年,英美经济遇到困难,加上政府征收奢侈税,使劳斯莱斯汽车的销量锐减,公司亏损1.1亿英镑。此后,公司一直在困境中挣扎。

1998年3月,劳斯莱斯的母公司英国维克斯集团宣布以7亿美元的价格,将劳斯莱斯和宾利出售给德国大众公司。消息传来,德国人的喜悦之情溢于言表,英国人的反应更多的则是惋惜和无奈。

但劳斯莱斯品牌的故事并没有到此终结。宝马公司是劳斯莱斯汽车发动机和其他配件的主要供应商,宝马公司扬言,如果大众公司赢得这笔交易,它将在12个月后中止供货协议。宝马公司与英国劳斯莱斯飞机发动机公司达成协议,以4000万英镑的代价将劳斯莱斯汽车的品牌和经营权买了过来,劳斯莱斯经营权于2002年起,由大众移交给宝马。失去劳斯莱斯的大众不得不做好部署,务求尽快将宾利品牌的声誉提升至劳斯莱斯的级数。2003年,劳斯莱斯在正式被宝马接收后推出了新一代"幻影"(图1-19)。英国顶级的姊妹豪华轿车品牌至此变成为两家德国汽车公司角逐的武器。

四 意大利汽车发展史

1899年7月，9名意大利企业家和皮埃蒙特贵族以8万里拉的社会资本创建了"意大利都灵无名氏汽车制造厂"，它是世界上第一个生产微型车的汽车生产厂家。公司全称是意大利都灵汽车制造厂，菲亚特（FIAT）是该公司缩写的译音，FIAT也是该公司产品的商标。集团总部设在意大利都灵市，其后来发展到拥有菲亚特、法拉利、阿尔法和蓝旗亚公司。

第一次世界大战的爆发迫使菲亚特不得不转产为战争服务，生产飞机、机关枪、航空发动机等军工产品。1919年战争一结束，菲亚特就推出了501、502、510等紧凑型轿车和菲亚特的第一辆拖拉机。

20世纪30年代，菲亚特生产了518、527豪华轿车和508、500型紧凑型轿车。500型轿车是意大利首批面向普通老百姓的家庭轿车，它小巧便宜，性能良好，广受大众的欢迎。

第二次世界大战中，菲亚特再一次全面转产为战争服务。战争使意大利的经济受到了沉重打击，菲亚特的生产设施也受到严重的破坏。战后，意大利经济飞速发展，菲亚特成为最大的受益者，从汽车制造、农机产品到航空产业都得到迅速发展。

20世纪60年代，随着实力进一步增强，菲亚特开始兼并意大利国内的其他汽车生产企业。1969年，菲亚特兼并了蓝旗亚汽车厂并购买了法拉利50%的股份，把世界跑车业的第一品牌收到了自己旗下。其后，1984年收购了阿尔法·罗密欧，1993年收购了玛莎拉蒂。阿尔法·罗密欧（图1-20）是现代运动轿车的标志，玛莎拉蒂（图1-21）展现着意大利轿跑车的精华，法拉利（图1-22）更是世界跑车中的极品。1983年面世的乌诺轿车，投产之后就获得了广泛的瞩目，被评为1984年的"最佳轿车"。如今，菲亚特度过了艰难的岁月，已发展为一个经营多种品牌的汽车公司，成为意大利工业的栋梁型企业。

图1-19 幻影豪华轿车

图1-20 阿尔法·罗密欧

图1-21 玛莎拉蒂

图1-22 法拉利

五 美国汽车发展史

美国历史上第一次汽车展览举办于1900年11月，地点在纽约市当时的麦迪逊花园广场。从历次汽车展览可以看出美国汽车工业的发展历史，也可以看出美国汽车工业汽车造型及功能的发展。

19世纪末，美国的经济已经达到了比较高的水平，工业生产开始处于世界前列，它的钢铁和石油化工等工业的发展为汽车工业的发展创造了条件。1908年，福特汽车推出了著名的T型车，当时售价不足500美元，随后降到300美元，只有当时同类汽车价格的1/4甚至1/10，美国一个普通工人用一年工资就可以购买到。福特的T型车战略使汽车成为真正意义上的大众交通工具。1913年，福特公司首先在生产中使用流水线装配汽车，这给汽车工业带来革命性变化，美国随即出现了汽车普及的高潮。

随着汽车制造技术日趋成熟和越来越多的人拥有汽车，汽车造型已经成为汽车制造中的一个重要环节。通用汽车公司率先成立了艺术与色彩生产部门。凯迪拉克汽车公司一向以机械部件优良著称。该公司曾经有过把3辆汽车拆开，将机械零部件整个打散，再重新混合组合成3辆汽车的记录。1925年美国第三大汽车制造厂商克莱斯勒汽车公司成立。在经济大萧条前夕的1929年，美国汽车销量却冲破500万辆。

20世纪50年代美国最具特色的汽车是家庭式旅行车，象征着郊区家庭的美好生活。1955年，福特公司生产的雷鸟（图1-23）8缸双人座敞篷跑车，车顶为活动纤维玻璃，其华丽造型获得了高度评价，被喻为私家车的象征。从20世纪80年代起，日本的本田、日产、三菱公司等相继在美国设厂，美国汽车工业为与日本汽车进行竞争，不断推出新造型汽车，被称为小型厢式车的客货两用轻型汽车（图1-24）一举成为最受家庭喜爱的车种。

图1-23　1955年版福特雷鸟　　　　　　图1-24　20世纪80年代风靡一时的minivan

从20世纪初到现在，美国汽车工业已走过了100多年，在与同行的激烈竞争中不断创新发展，迎合消费者对汽车造型和性能的需求，主宰了世界汽车工业，美国成为名副其实的汽车大国、工业大国。在这一过程中，美国通用汽车公司不仅成为世界最大的汽车公司，也成为世界上首屈一指的跨国集团（通用1993财政年度销售额为1336亿美元，约等于同年中国国民生产总值的45%。它消耗了美国10%以上的钢铁、25%以上的橡胶）。

六　日本汽车发展史

日本汽车制造业的开山者是吉田真太郎，1904年他成立了东京汽车制造厂，三年后制造出第一辆国产汽油轿车"太古里1号"。随后日本国内出现了众多汽车制造厂，情形不亚于20世纪80年代的中国。出于军事的需要，政府颁布了《军用汽车补助法》，对汽车厂商进行扶持，这成为早年日本汽车业发展的原动力。

第二次世界大战后，盟军司令部曾下令全面禁止汽车生产，但没有得到执行，丰田、东洋工业、富士重工都推出了自己的新车型。但在20世纪50年代前期，美国、欧洲生产的汽车充斥日本汽车市场，大有泛滥之趋势。特别是欧洲生产的小型廉价汽车，对处在半毁灭状态的日本汽车工业构成了致命的威胁。当时的日本政府为了保护本国汽车产业，对进口汽车征收高达40%的关税，同时严格禁止外国资本渗透国产汽车工业。而一些小的汽车厂家为了生存，纷纷采取与国外厂家连手搞"事业合作"或"技术合作"，唯有丰田依然靠自身力量开发生产国产轿车。

1960年时，日本汽车年产量仅为16万辆，远远低于同时期美国和西欧各主要汽车生产国的产量。然而仅仅过了7年时间，日本汽车年产量就奇迹般达到300万辆，超过欧洲各主要汽车生产国产量，跃居世界第二位。

20世纪70年代世界发生两次石油危机，油价的提高使人们对汽车的兴趣大减，欧美汽车生产厂商纷纷减产。而这时，日本小型轿车却以其油耗低的特点博得了消费者的青睐，三年时间里日本汽车出口量翻了一番。1980年，日本汽车总产量达到1104万辆，超过美国而成为世界最大的汽车生产国和出口国，大量对美出口给美国带来了巨额贸易逆差。丰田、本田、日产等汽车厂商纷纷把生产基地搬到美国本土。

进入20世纪90年代，日本汽车工业渐呈颓势，许多厂商出现了开工不足、生产力闲置的情况，而美欧汽车商则通过兼并重组恢复了元气，反过来把日本汽车公司当作并购的对象。现在，通用汽车在富士重工、五十铃两家公司分别拥有20%、49%的股份，福特汽车则拥有马自达33.4%的股份，戴姆勒—克莱斯勒拥有三菱汽车34%的股份。1999年，日产汽车公司因亏损严重，被迫将36.8%的股权卖给法国雷诺公司，成为日本汽车工业危机的一次大暴露。

七 中国汽车发展史

新中国刚一成立就决定发展自己的汽车工业。1953年，第一汽车制造厂破土动工，这是中国有史以来第一次建设自己的汽车厂，毛泽东主席亲自题写了"第一汽车制造厂奠基纪念"。1956年，我国生产的第一辆汽车下线，毛主席又亲自为其命名——解放。对于当时整体工业水平非常落后的中国人来说，这确实是一次精神上的解放。1956年5月，第一汽车制造厂试制成功东风牌轿车，这是中国自制的第一部轿车，同年6月，北京第一汽车厂附件厂试制成功井冈山牌轿车，工厂由此更名为北京汽车制造厂。8月，第一汽车制造厂又试制成功红旗牌高级轿车。红旗是中国第一部定型轿车，而且这一响亮的轿车品牌曾让一代中国人为之倾倒。1959年，第一批红旗72型轿车参加了国庆游行和阅兵，并成为中央部委领导的公务用车。同年，仿制德国奔驰220s的新型凤凰轿车试制成功，并成为中国的又一种定型轿车。由此，揭开了中国轿车工业生产的篇章。

目前中国大多数轿车生产都是以合资或购买生产许可证的方式进行的，多数产品没有自己的知识产权，而奇瑞汽车的出现，为中国民族轿车工业的崛起吹响了号角。奇瑞汽车股份有限公司成立于1997年，到2002年，奇瑞轿车成功跻身国内轿车行业"八强"之列，成为行业内公认的车坛"黑马"。

浙江吉利控股集团有限公司,是一家以汽车及汽车零部件生产经营为主要产业的大型民营企业集团,始建于1986年。经过多年发展,吉利曾连续三年入选中国企业500强,并获"中国民族工业特别贡献奖",被评为"中国汽车工业50年发展速度最快、成长最好"的企业之一,"吉利"商标被评为中国驰名商标。吉利自主开发的美人豹跑车(图1-25),开创了国产跑车生产的历史。

图1-25　美人豹跑车

实践活动

1.在课堂上向同学们讲一讲教材中没有介绍到的汽车历史故事。
2.查阅资料及网络,了解大众和宝马与劳斯莱斯品牌之间的故事。
3.与学习小组内的同学分工,调查本地区各国各品牌汽车市场占有量。
(1)德国品牌汽车:

品牌					
占有量					

(2)法国品牌汽车:

品牌					
占有量					

(3)英国品牌汽车:

品牌					
占有量					

(4)意大利品牌汽车:

品牌					
占有量					

(5)美国品牌汽车:

品牌					
占有量					

(6) 日本品牌汽车：

品牌					
占有量					

(7) 中国品牌汽车：

品牌					
占有量					

4.了解家人、亲朋好友对汽车的关注状况。如果购车，他们希望买什么品牌的车？原因是什么？

5.与学习小组内的同学分工，分别到自己居住的小区、附近停车场和校园，统计所停轿车的品牌情况。如有可能，询问一下车主购买该品牌轿车的原因。

项目二 汽车名人

学习目标

1. 了解汽车名人对世界汽车工业发展的贡献；
2. 能描述汽车名人特别是中国汽车名人的事迹。

建议课时

4课时。

项目描述

在汽车工业一百多年的发展历程中，有许多杰出人物做出过重大贡献。他们或者是较早地制造出汽车，并创建了在世界范围内产生较大影响的汽车公司，或者是解决了汽车性能、生产等方面的重大技术问题，推动了汽车的大众化和多样性。就是在当今，仍然有众多优秀人物在为汽车行业的发展扎实而卓越地工作着。我们在认识汽车，感受绚丽多彩的汽车文化时，不能忘记这些杰出人物的姓名和事迹。

学习时，要重点了解汽车名人是如何确立自己的追求目标，并将毕生精力全部投入到汽车行业中的。可通过网络搜寻、查阅文献资料等途径，进一步了解汽车名人的人生经历和杰出贡献，丰富自己的知识积累，坚定为汽车行业发展贡献力量的志向。

情景导入

自1995年至今，曾凡辉从事汽车维修管理和汽车维修技术研究工作20余年。他工作勤奋踏实，勇于实践，敢于创新，专业技术出类拔萃，已成为万州地区汽车维修行业的领军人才。

随着公司业务的不断发展，早期使用的软件已经不能适应公司管理需要。2006年，曾凡辉率先在万州汽车行业中引进当时最先进的博士德汽车管理软件，使公司的客户信息资料、车辆出厂回访和公司成本管理都上了一个新台阶，被汽修行业所认可，并迅速在行业内推广。

由于公司所处的地理位置受限，漆工烤漆房的排尘一直都是困扰企业的老大难问题。曾凡辉刻苦钻研，了解和借鉴国内外一些企业在生产中处理有毒有害气体的方式和方法，结合本企业的实际，自行设计和亲自安装调试了排污过滤烟道，大大降低了油漆作业中产生的漆尘对大气的污染，减少了周边居民的抱怨。

在企业的技术改造中，曾凡辉不断引进新的技术设备。从发动机喷油嘴清洗机到超声波零件清洗设备，从轮胎动平衡仪到四轮定位仪，从汽车故障解码仪到汽车综合性能检测仪，他都亲自参与新设备的选型、安装与调试工作。

2011年，曾凡辉带领公司技术骨干，反复调试，把四轮定位仪上不可调整的拉臂改装成可以调整的安全拉臂，成功地解决了后轮轮胎偏磨的质量通病。这一成功的技术改造，在以后四轮定位的所有车型都得到了验证，效果很好。

课题一　世界著名汽车公司创始人

一　戴姆勒—奔驰汽车公司创始人——卡尔·本茨

1. 卡尔·本茨

卡尔·本茨（1844—1929年，图2-1），德国著名的戴姆勒—奔驰汽车公司的创始人之一。他勇于向马车、蒸汽汽车挑战，以内燃机的采用实现了车辆的自动化，是现代汽车工业的先驱者之一，更有"汽车之父"、"汽车鼻祖"之称。

1844年，本茨出生于德国。从中学时期他就对自然科学产生了浓厚的兴趣。1860年，本茨进入卡尔斯鲁厄综合科技学校学习，毕业后开始在德国曼海姆经营四冲程煤气机。后来，他全身心进行汽油机的研制，在屡遭失败后仍不灰心。1879年，本茨终于研制成功火花塞点火汽油机。1883年，本茨在曼海姆成立奔驰公司，经过两年的探索试验，造出了世界上第一辆三轮汽车（图2-2）。1886年，本茨获得了该车的专利，然而开始购买这种车的顾客并不多。他的妻子贝尔塔·本茨在试车中创造的奇迹给予他自信和克服困难的勇气，激励他对奔驰车进行改进，安装功率更大的发动机，终于在1893年相继推出维多利亚、维洛、舒适等新车型。

1925年7月，在德国慕尼黑举行的第一次老爷车拉力赛上，81岁高龄的卡尔·本茨驾驶着早先他发明的奔驰三轮汽车参加了比赛。

1926年6月，戴姆勒公司和奔驰公司合并。在两家公司合并后第三年的春天，卡尔·本茨因病去世，享年85岁。

图 2-1 卡尔·本茨

图 2-2 世界上第一辆单缸发动机三轮汽车

2 戈特利布·戴姆勒

戈特利布·戴姆勒（1834—1900 年，图 2-3），戴姆勒—奔驰汽车公司另一创始人，德国工程师和发明家。他发明了高速内燃机、摩托车和四轮汽车，既被誉为"汽车之父"，又被称为"摩托车之父"。

戈特利布·戴姆勒出生于德国绍恩多夫一个手工业家庭，他自小聪慧过人，曾在制枪匠手下当过学徒，出徒时已能制造双管手枪。后来，戴姆勒就读于斯图加特技术学校，毕业后就职于道依茨发动机公司，先后改进了奥托式四冲程发动机并发明了戴姆勒卧式发动机。

1882 年，戴姆勒同好友威廉·迈巴赫一起从事高速内燃机的研制工作，终于在 1883 年 8 月成功研制出世界上最早的内燃机。1885 年，他又研制出第二台立式单缸内燃机，并把该发动机装到一辆骑士牌自行车上，从而诞生了世界上第一辆摩托车。为了庆祝妻子埃玛 43 岁生日，戴姆勒将一辆马车进行了改装：他拆下车轴，装上链条和自己设计的立式单缸汽油发动机，并装上了转向装置。于是，世界上第一辆四轮汽车诞生了（图 2-4）。颇有意思的是，戴姆勒所在的坎斯塔特和本茨所在的曼海姆，两地相距仅仅 100km。

图 2-3 戈特利布·戴姆勒

图 2-4 世界第一辆四轮汽车

1890年，戴姆勒创建了自己的汽车公司。1897年，戴姆勒公司生产出"凤凰"牌小客车。1903年，以公司主要投资人埃米尔·耶利内克女儿的教名"梅赛德斯"命名的小客车投产，其前置发动机有35马力（25.8kW），有前车灯、挡风板、双门5座位，敞篷车造型更加接近现代轿车的特征，还有比原来更轻、动力更大的发动机、更长的轴距、更低的重心。这一车型的推出，大大提高了戴姆勒公司的商业地位。

1900年3月，戈特利布·戴姆勒卒于德国斯图加特的巴特坎施塔特。之后，戴姆勒公司和奔驰公司合并，成立了在汽车史上举足轻重的戴姆勒—奔驰公司，从此他们生产的所有汽车都命名为"梅赛德斯—奔驰"。

二 通用汽车公司创始人——威廉·杜兰特

威廉·杜兰特（1861—1947年，图2-5），世界汽车发展史上一位传奇式的人物。他的眼光、胸襟、手腕、精力都要胜人一筹，他创建了名震全球的汽车公司——通用汽车公司。

图2-5　威廉·杜兰特

1861年，杜兰特出生于美国的波士顿市。1986年，对制造马车很感兴趣的杜兰特投资了1500美元在底特律市附近的弗林特成立了一家马车制造公司，并在很短时间就成为全美马车时代最负盛名的制造商。1904年，别克汽车公司的经营陷入困境，杜兰特预感到这是上天赐给他涉足汽车制造领域的良机。他果断筹措巨款买下别克汽车公司，进而完全控制这家公司。

1908年，杜兰特以别克公司为核心创建了通用汽车公司，并设想将当时众多汽车产销商联合起来，组成一家更大的汽车公司。不久，他采用以股票换股票的方式，将20多家汽车制造厂、汽车零部件制造厂及汽车销售公司合并，其中包括奥兹莫比尔、卡迪拉克、旁蒂克等知名汽车企业纷纷加盟，形成一家巨型汽车企业。但是，由于当时通用汽车公司只是控股，下属各企业仍是各自独立的经营单位，加之杜兰特既没有建立必要的公司管理机构，也没有建立必要的现金储备，仅凭销售汽车所获得的现金支付原材料费用及职员工资。1901年，汽车销售量在福特公司的激烈竞争下大幅下滑，"通用"出现了严重的资金危机。杜兰特因此被解除了总经理的职务，但他并不甘心失败。1911年底，杜兰特和路易斯·雪佛兰共同创建了雪佛兰汽车公司，他们励精图治，再度取得了辉煌的成就。1916年，他得到美国化工大王皮埃尔·杜邦的财力支持，将通用公司从银行家的控制下重新夺了回来。

在重新获得通用公司的领导权后，由于杜兰特无意接受董事会的领导，疏于经营管理，只热衷于公司规模的扩大，从而导致扩张过于迅猛。不久，公司便陷入困境，出现了分公司各自为政、产品重复、无法形成"一致对外"的市场竞争格局，濒临倒闭。在公司上下的一片反对声中，杜兰特被迫于1920年11月辞职。后来，杜兰特在默默无闻中度过了他的晚年，于1947年黯然离世。虽然斯人已去，但是他一手缔造的通用汽车公司，却成功地存活下来。后经斯隆等人的成功经营，开创了通用汽车时代，成为现在世界上最大的汽车公司之一。

三 法拉利汽车公司创始人——恩佐·法拉利

恩佐·法拉利（1898—1988年，图2-6），法拉利公司创始人，世界著名赛车手。他在汽车制造业中享有盛誉，被称为"赛车之父"、"20世纪汽车英才"。

1898年2月，恩佐·法拉利出生在意大利北部莫德拉。父亲是一个钣金工厂主，并且既是技艺超群的铸铁好手，更是如醉如痴的"赛车迷"。法拉利10岁时，父亲带他到波伦亚观看了一场汽车比赛。赛车场那惊险、刺激的场面深深地吸引了他，法拉利盼望着自己也能成为一名优秀的赛车手。13岁那年，他千方百计地说服了父亲，允许他单独驾驶汽车。从此，法拉利与汽车结下了不解之缘。

图2-6　恩佐·法拉利

22岁时，法拉利在一次汽车大奖赛中夺得亚军，并得到了阿尔法·罗密欧汽车制造公司老板的垂青，成为一名"拿生命开玩笑"的试车员。32岁那年，法拉利担当起了阿尔法·罗密欧汽车制造公司赛车队队长的重任。他统率的以自己名字命名的"法拉利赛车队"，先后在方程式赛车、24小时跑车耐力赛等各种大赛中出尽了风头。在39场大奖赛中，获得了11场冠军。法拉利为罗密欧汽车制造公司荣登世界跑车行业头把交椅立下了汗马功劳。

1923年，25岁的法拉利在参加阿拉法赛车中，遇到了第一次世界大战中阵亡的意大利杰出飞行员的母亲——康蒂丝·白丽查女士。她告诉法拉利，她儿子战斗机两侧的飞行徽章是一匹"腾马"，如果法拉利把它画到赛车上的话，会带来好运，法拉利回去后照这位母亲的说法做了，果真带来了好运。

1947年，法拉利创建了自己的汽车制造厂，生产出第一辆车后来以自己的名字命名的法拉利Tipo125，并且以跳马图作为商标。在以后的3年时间里，法拉利又相继生产了Tipo166、Tipo195、Tipo212、Tipo225等型赛车。法拉利赛车没有辜负他的期望，先后夺得过多项桂冠：在1951年的迈勒·米格拉尔汽车大赛上，排量4.1L的Tipo375获胜。在布宜诺斯艾利斯1000km汽车赛上，排量4.9L的Tipo410夺魁。1956年，经过法拉利改造的蓝旗车一举夺得了世界汽车竞赛的最高荣誉——一级方程式赛车年度总冠军。这一连串的胜利，奠定了法拉利赛车在世界车坛的地位。

法拉利设计的F1型赛车，在世界性大赛上共获得100多次胜利，至今尚没有哪一种赛车能够打破这项纪录。

1988年8月，汽车界的巨星恩佐·法拉利去世了，终年90岁。他留给后人的是那不朽的事业和艺术品一般的法拉利车。

四 雪铁龙汽车公司创始人——安德烈·雪铁龙

安德烈·雪铁龙（1878—1935年，图2-7），雪铁龙汽车公司创始人，汽车发动机前置及前驱动汽车的发明者。

雪铁龙1878年2月出生于法国巴黎，年轻时就认定科技进步将给人类带来幸福，所

图2-7　安德烈·雪铁龙

以选择巴黎综合工科学院就读，准备将来当一名工程师。

1900年，大学毕业的雪铁龙去波兰外婆家探亲度假，在旅途中偶然注意到一个装置上按"人"字形拼成的齿轮，这个小发现给了他灵感。从外婆家回来后，雪铁龙发明了人字形齿轮传动系统。1905年，雪铁龙建立了一个的小公司，专门生产自己的专利产品，因为"人"字形齿轮运转平稳和效率高，产品很快开始销往整个欧洲。

1912年，雪铁龙在美国参观了亨利·福特的汽车厂。这次参观给了他极大的震动，他十分欣赏福特公司大批量流水线的生产方式，并把它第一次引入了法国，在自己的工厂里进行试验。

1919年，雪铁龙在欧洲率先批量生产A型车。以后，产量迅速提高，到1924年，日产量达300辆，雪铁龙公司成了欧洲成功的汽车厂家之一。1924年7月，雪铁龙汽车公司正式挂牌成立。

雪铁龙坚持认为，汽车厂卖的不只是汽车，还有无微不至的服务。他逐步完善了汽车买卖方式，创立了一年保证期制度，建立分销网，罗列出零件目录及维修费用一览表，使所有销售点、维修点的费用得以统一。1922年，他大力推广分期付款售车方式，成立了法国第一个专管分期付款的机构，并在国外创办了不少汽车出租公司，还在法国各地形成了一个游览车服务网。

雪铁龙对公司和产品的宣传可谓煞费苦心。他在法国各地十字路口竖立起雪铁龙标牌，强化了人们对其标志的印象。他让汽车从高山上翻滚而下以证明车身的坚固耐用。他还曾在巴黎埃菲尔铁塔以霓虹灯方式做雪铁龙广告，使巴黎四周30km以内都可看到。1923年，他发起了穿越撒哈拉大沙漠的大型车赛，1924年又组织了贯穿全非洲的"黑色之旅"赛车活动。1927年，美国人林白驾机穿越北大西洋成功，他竭力说服这位英雄去自己的工厂接受工人们的祝贺，结果第二天的报纸就登了这样的文章"林白访问雪铁龙"。自1928年起，雪铁龙每月月末在法国100家报纸刊登大幅广告。1931年，他在巴黎开办了当时全球最大的汽车商场，除了经销汽车外，还在场内放映电影和开办音乐会。

富有的雪铁龙在生活上不求豪奢，只是不断地投资于工厂和开发新车型，追求技术上的不断进步。在工程师的建议下，雪铁龙决定在新研制的汽车上采用一系列全新的技术：前轮驱动、流线型车身、液压制动、悬浮电机、自动变速器等。但由于研究周期过长而使产品未能如期推出，加之匆匆投产后又存在许多设计、制造方面的缺陷，销路受阻，雪铁龙顿时负债累累，不得不将公司卖给米其林公司。从此，他因忧郁住进了医院，于1937年7月去世。在雪铁龙死后的两天时间里，数不清的工人、经销商甚至普通顾客，纷纷涌进雪铁龙公司向他行礼致哀，法国政府也给他颁发了一枚二级荣誉勋章。实际上，今天的雪铁龙公司仍然名震全球，前轮驱动设计方案至今没过时也是对雪铁龙最大的褒赏与怀念。

五　丰田汽车公司创始人——丰田喜一郎

丰田喜一郎（1894—1952年，图2-8），丰田汽车公司创始人，日本汽车工业发展的功臣，享有"日本汽车之父"的盛誉，他创造了后来风靡全球的"丰田生产方式"。

丰田喜一郎出生于1894年，父亲是日本有名的纺织大王，自动纺织机的发明者。丰田喜一郎在东京帝国大学工学系机械专业毕业后，到父亲的工厂当机械师，经过10年磨炼，担任管技术的常务经理。他继承父亲研究与创造的精神，毕生致力于汽车的创造，提出"结合本国国情创造性地运用批量生产方式，生产出性能和价格两方面都能与外国车抗衡的国产车"的思想。

1933年，丰田喜一郎在公司设立汽车部，通过拆装，研究美国"雪佛兰"汽车发动机，于1935年8月造出了第一辆A1型汽车。两年后，正式成立"丰田汽车工业株式会社"。

图2-8　丰田喜一郎

从20世纪50年代起，丰田公司开始快速发展。1955年生产出第1辆皇冠轿车，以后又陆续生产出凌志（后更名为雷克萨斯）、佳美等著名轿车。1957年出口到47个国家，1959年在巴西建立第一个国外汽车生产基地。2004年汽车产量达754.7万辆，居日本第一，世界第二，是世界上出口汽车最多的公司。

丰田喜一郎的另一项重大贡献在于对生产过程的合理组织和科学管理。他创造了风靡全球的"丰田生产方式"，通过"准时化生产、全面质量管理、并行工程"等一系列方法，最终达到企业利润的最大化和成本的最低化，成为世界许多国家争相学习的先进经验。

六　韩国现代汽车集团公司创始人——郑周永

郑周永（1915—2001年，图2-9），韩国现代汽车集团公司的创始人。韩国现代是一家股票上市最少，外国资金最低，最具"韩国色彩"的企业团体，在全球分工合作的时代，成为特立独行的一匹车坛黑马。

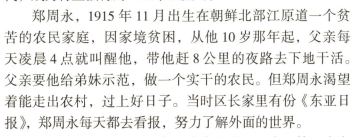

郑周永，1915年11月出生在朝鲜北部江原道一个贫苦的农民家庭，因家境贫困，从他10岁那年起，父亲每天凌晨4点就叫醒他，带他赶8公里的夜路去下地干活。父亲要他给弟妹示范，做一个实干的农民。但郑周永渴望着能走出农村，过上好日子。当时区长家里有份《东亚日报》，郑周永每天都去看报，努力了解外面的世界。

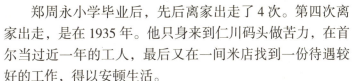

图2-9　郑周永

郑周永小学毕业后，先后离家出走了4次。第四次离家出走，是在1935年。他只身来到仁川码头做苦力，在首尔当过近一年的工人，最后又在一间米店找到一份待遇较好的工作，得以安顿生活。

由于干活勤奋，郑周永深得米店老板赏识，并与一些客户建立了良好的关系，为以后的发展打下了基础。1938年，老板生了重病，而唯一的儿子又游手好闲，所以便免费将米店交由这位身无分文的打工仔来管理。

日本侵华战争爆发后，对朝鲜实行粮食配给制，命令全部米店关门。米店夭折给郑周永巨大冲击，但他并未灰心，借钱干起当时有赚头的汽车修理业。不过开业仅五天工厂就毁于一场大火。但郑周永毫不泄气，当他向老客户借钱时，因为此前良好的信誉，人家二话不说就借给了他。这使郑周永明白了一个道理：信誉就是一切！

1940年2月，郑周永集资重新办起专修汽车的"阿道汽车修配厂"，在经营中他也学会了汽车原理和发动机的构造知识。1945年，日本战败投降，美军拍卖房产。郑周永与几位朋友在首尔买下一处被没收的地产搞汽车修理，首次挂起了"现代自动车工业社"的招牌。当时进驻朝鲜南方的美军车辆很多，郑周永因修理经验多、技术好而赢得客户信任。不到一年工夫，他的工厂就发展成为近百人的大型修理厂了。

借助于朝鲜战争后建设浪潮的推动，郑周永于1967年12月建立了现代汽车公司。他最早选择福特的英国分公司作为合作伙伴，即由福特负责向现代提供生产轿车及轻型卡车所必需的技术。然而，福特公司对现代很冷淡，他们以为，即使生产出汽车，在韩国那样小的市场，也赚不了多少钱。后来，郑周永做出了一个至关重要的决定，终止与福特的合作，自己生产汽车。

1976年1月，通过引进乔治·敦布尔设计师的车型以及运用从日本和英国学习到的生产技术，现代汽车的第一个自主车型"小马"终于投产。这款微型汽车在韩国市场获得了巨大成功，令现代汽车雄踞韩国市场首位长达20年之久。

1992年，现代又在底特律国际车展上推出了第一款具有完全知识产权的概念车——HCD-1。流畅的线条，时尚的造型，犀利的鹰眼式前照灯，这辆双座小跑车售价仅1.4万美元，立刻征服了北美的车迷，惊动了整个世界。

课题二　世界汽车技术杰出名人

蒸汽机汽车发明者——尼古拉斯·古诺

尼古拉斯·古诺（1725—1804年，图2-10），法国炮兵工程师，是世界上第一辆蒸汽机汽车的设计与制造者。

1769年，在法国陆军大臣的资助下，时任炮兵大尉的古诺经过6年多的研究试验，成功制造出世界上第一辆完全靠自身动力行驶的蒸汽机汽车。当时研制这种车的目的主要是用来牵引大炮。古诺将巨大的钢制双活塞蒸汽机安装在直径1.27m的前轮上，同时还在前轮上装有两个直立式汽缸，燃烧装满水的蒸汽机。高压蒸汽进入汽缸后推动活塞，并通过曲轴连杆来驱动前轮。该车只有一个前轮，转向灵活，最高时速4km/h，每行驶15min停车一次，加热15min再继续行驶。在一次试车中，蒸汽机汽车撞到工厂的大墙上，成为有记录的第一次车祸（图2-11）。

图2-10 尼古拉斯·古诺

图2-11 历史上第一次车祸

1771年，经过古诺的进一步改进，大型蒸汽机汽车的时速达到9.5km/h，可以牵引4~5t重的大炮。该车现珍藏于巴黎国家艺术及机械陈列馆，巴黎则被公认为是蒸汽机汽车的发源地。

1804年，古诺去世。在他去世80多年后，才出现了真正意义上的汽车。

二 四冲程发动机发明人——尼古拉斯·奥托

尼古拉斯·奥托（1832—1891年，图2-12），德国科学家，内燃机工业的先驱。他发明了四冲程循环内燃机，使人类研制汽车的梦想变成现实。

奥托早年以经营小型杂货店为主。1861年，29岁的奥托从报纸上看到了有关法国人雷诺尔研制煤气发动机的消息后，对发动机产生了浓厚的兴趣。他把自己的全部精力和财力，都运用到研制发动机上面。1862年，他试验成功了中压煤气机，并投入生产，一年销售了50台。1866年，奥托研制出具有划时代意义的立式活塞式四冲程奥托内燃机，转速达到80~100r/min。1876年，奥托对四冲程内燃机又作了改进，试制出第一台实用活塞式四冲程内燃机，转速提高到250r/min。第二年该机取得专利，并成批投入生产。

在设计生产内燃机时，奥托还提出了内燃机的工作原理，即"奥托循环"：可燃气体先在汽缸中压缩，在点燃压缩可

图2-12 尼古拉斯·奥托

燃气体时产生较强的爆发力，提高了内燃机的热效率和输出功率。同时，他利用活塞的四个行程，把进气、压缩、做功及排气融为一体，使内燃机的结构紧凑和简化，从而推动了小型内燃机的实用化。奥托创建的内燃机工作原理，一直在现代汽车发动机上沿用至今。

1891年，奥托去世，享年59岁。德国曾于1952年和1964年两次发行有关奥托与奥托循环的邮票，以纪念这位伟大的发明者。

三 转子发动机发明人——菲力·汪克尔

菲力·汪克尔（1902—1988年，图2-13），联邦德国发动机专家，曾任西德林道市汪

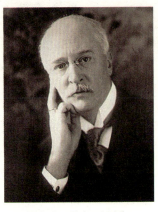

图2-13 菲力·汪克尔

克尔研究所所长。因发明了与奥托发动机和狄塞尔发动机结构迥然不同的汪克尔发动机而名扬四海，并因此获得了慕尼黑大学名誉博士学位和联邦十字勋章。

菲力·汪克尔少年时代就喜欢跳动和旋转式的玩具，年轻时就开始研究借助旋转运动而获得动力的机器。后来，汪克尔进入一所学校学习机械专业。经过几年潜心研究，终于在1929年取得了第一个转子发动机的专利。取得专利后，汪克尔从转子发动机的原理上，设计了大量零配件的图纸并计算各种数据，以保证发动机运转的可靠性和实用性。经过他的艰苦努力，并通过大量零部件的研究和制造，直到1957年才制造出第一台实用型转子发动机，并且开始在轿车上应用。

四 轮胎之父——约翰·邓禄普

约翰·邓禄普（1840—1921年，图2-14），英国发明家。他发明了充气橡胶轮胎，并建立了世界上第一家轮胎制造厂，开始生产橡胶轮胎。

约翰·邓禄普本来是一名兽医，平时喜欢种花养草。一次，他在用橡皮管浇水时突发奇想，将橡胶管作为自行车轮胎的本体，用帆布等材料绕接在车轮上，大大增加了驾驶自行车的平顺性和操作性。在此基础上，他于1887年发明了充气橡胶轮胎。1894年，邓禄普发明的轮胎获得美国专利。从此，汽车用上了橡胶轮胎。

五 柴油机创始人——鲁道夫·狄塞尔

鲁道夫·狄塞尔（1858—1913年，图2-15），德国工程师，柴油发动机的发明者，被誉为柴油机之父。

图2-14 约翰·邓禄普

图2-15 鲁道夫·狄塞尔

柴油机至今在很多地方仍被称为"狄塞尔发动机"，这是为了纪念世界第一台柴油机的发明者鲁道夫·狄塞尔。他首创了压缩点火式发动机，为内燃机的发展开辟了新的途径。

狄塞尔于1858年3月生于法国巴黎。上大学时，他就对蒸汽机表现出极大的兴趣。1892年，狄塞尔在偶然中受到面粉厂粉尘爆炸的启示，他由此发明了一种机械装置，并取得了发明专利。这种装置可以将空气压进容器并且和煤粉充分混合直至被压燃,直接为机械提供动力。第二年,一家公司根据狄塞尔的专利,制造出了世界上第一台柴油发动机,并取名叫"狄塞尔"发动机。

然而,狄塞尔并不满足于这一发明,经过5年的实验,1897年试制成了第一台具有实用价值的高压缩自动点火内燃机,即压燃式柴油机。

1936年,奔驰公司制造出第一台装有狄塞尔发动机的轿车。一直到1950年前后,柴油机才得以在载货汽车上广泛应用。后人为纪念鲁道夫·狄塞尔的杰出贡献,将柴油发动机称为"狄塞尔发动机"。德国邮政局还专门发行邮票和宣传画,以此向这位不朽的发明家表示敬意。

六 汽车设计大师——努西欧·博通

努西欧·博通(1914—1997年,图2-16),意大利汽车设计师,博通公司创始人,被称为设计大鳄们的精神导师。

1933年,大学毕业的博通来到父亲的工厂,协助管理业务,而且他热爱汽车,希望自己成为驾驶员,更渴望自己能设计汽车。

第二次世界大战结束后,父亲创建的家庭作坊式的小工厂交由博通独立经营,从此他的领导才能和设计才华逐渐显露出来。不久,就与费丽特、阿尔法、蓝旗亚等汽车公司合作,为他们设计汽车。博通的设计风格大胆、独特、富于幻想,不受条件的限制,总能开创时代先河,成为众家模仿的对象。

图2-16 努西欧·博通

他不仅自己在设计上成就显著,而且具有伯乐的慧眼,先后发现了乔治·亚罗和甘迪尼两名世界级设计大师。如今,博通设计的汽车名扬全球,博通汽车已成为时尚、创新的代名词。1994年6月,博通在底特律荣获"汽车设计终身成就奖",进一步地确定了他是汽车领域声誉最高的设计大师。

课题三 中国汽车名人

一 中国汽车工业奠基人——饶斌

饶斌(1913—1987年,图2-17),吉林省吉林市人,祖籍南京,生于吉林,原名饶鸿

汽车文化

图2-17 饶斌

熹，中国汽车工业的奠基人，享有"中国汽车之父"的盛誉。

饶斌于1933年加入共青团，1937年加入中国共产党。曾任中共晋西北临时省委秘书长、中共辽宁省委组织部副部长、吉林市委书记、东北抗日民主联军驻图们卫戍司令部司令员、哈尔滨市市长等职。新中国成立后，历任中共吉林省委常委兼长春第一汽车制造厂厂长、国家经委副主任、第二汽车制造厂厂长、第一机械工业部部长、中国汽车工业公司董事长等职。

1953年6月，毛泽东签发《中共中央关于三年建成长春第一汽车制造厂的指示》，并任命饶斌为长春第一汽车制造厂厂长。饶斌不仅是汽车厂长，也是建筑公司经理。为掌握汽车工业制造技术和建筑技术，他虚心向技术人员和有经验的老工人求教，成为能够推车送浆和操作机床的领导干部。

1956年7月，一汽总装线上开出了由中国人自己制造的解放牌载货汽车，结束了中国不能自己制造汽车的历史。

1964年，中国经济形势好转，筹建第二汽车制造厂的任务理所当然地又落到饶斌头上。二汽建成投产后，饶斌调回北京，担任机械部部长。20世纪80年代初，饶斌担任了中国汽车工业公司董事长，邓小平同意引进汽车合资项目，饶斌建议由上海承担。当时，美国通用、福特和德国大众都对此表示了浓厚兴趣。经过60多轮谈判，基本上确定了与德国合作年产15万辆桑塔纳的项目。这一合资项目为后来上海大众的辉煌奠定了基础。

二 中国汽车技术奠基人——孟少农

孟少农（1915—1988年，图2-18），汽车设计制造专家，中国科学院学部委员，中国汽车工业的创始人之一，汽车技术领域的奠基人。

孟少农原名庆基，祖籍为湖南省桃源县。1930年，孟少农考入长沙岳云中学，1932年进长沙高中。高中毕业全省会考，他获第一名。1940年，西南联大招考一批留美公费生，孟少农以出色的成绩被录取。于1941年赴美，进入著名的麻省理工学院机械系学习。

1943年至1946年，孟少农先后在美国福特汽车公司、司蒂贝克汽车公司等任技术员和工程师，同时学习考察汽车和发动机的产品、工艺、工具、机械加工以及汽车工厂设计等方面的理论。因他学习、工作极为严谨认真，福特等几家公司愿留他工作，并允诺提供优越的研究条件和优裕的生活待遇。然而，他都婉言谢绝，于1946年5月乘船离开美国。

图2-18 孟少农

回国后，孟少农到清华大学任教，先后任机械系副教授和教授，创办了中国第一个汽车专业班。1953年7月，他就出任一汽副厂长兼副总工程师，全力协助厂长和总工程师工作，使全厂机构及时地运转起来，奠定了建厂工作的基础。在第一辆汽车的研制中，及时解决处理了一些重大技术问题。一汽投产后，他和有关设计人员一起，作了 10 多项技术改进，大大提高了解放牌整车的性能和质量。他最早提出并重视中国小轿车的开发，为一汽 50 年代出汽车、出人才、出经验做出了卓越贡献。

1971 年 5 月，孟少农调到陕西汽车制造厂主管技术工作，为研制开发延安 250 型 5t 越野车，改进 6130 型发动机和开发 15t 重型民用车发挥了重大作用。

20 世纪 70 年代，孟少农转战到第二汽车制造厂，是二汽独自开发研制 EQ6110 型柴油机和 EQ6105 型汽油机的主持者。为二汽闯过质量、滞销、缓建三大关和横向联合经营、长远发展奠定了基础。

为培养汽车专业人才，孟少农先后创办了长春汽车工业学校、长春汽车拖拉机学院（后改为吉林工业大学，2000 年与吉林大学合并）、二汽职工大学（后更名为湖北汽车工业学院）。1985 年，他还亲自编写讲义，为湖北汽车工业学院学生讲授了国内外无人讲过的一门新课《汽车设计方法论》。

孟少农去世后，二汽为他塑了两座半身铜像，一座安放在湖北汽车工业学院，一座安放在武汉工学院（现武汉理工大学）。

三 中国内燃机和汽车教育奠基人——潘承孝

潘承孝（1897—2003 年，图 2-19），汽车和内燃机专家，中国内燃机和汽车工程教育的奠基人之一。

20 世纪 20 年代，当汽车、内燃机还是新的学科时，潘承孝就远涉重洋到美国学习掌握这门学科。30 年代回国后，我国工科大学开设汽车、内燃机课程的屈指可数，潘承孝是最早讲授这两门课程的教授之一。当时有"南黄北潘"之称，即上海有交通大学黄叔培讲授有关汽车方面的课程，在北方则有潘承孝。尽管那时我国尚无自己的汽车工业，但无疑他已为祖国的汽车工业播下了人才的种子。

1950 年，在当时的重工业部领导下成立了"汽车工业筹备组"，初期只有 10 余人，其中就有他的学生 4 人。曾任天

图 2-19 潘承孝

津大学校长的内燃机著名学者、中国科学院学部委员史绍熙教授，在他的一篇文章里曾写道："我之所以选择了内燃机这个研究领域，数十年矢志不移，说实在话是发端于潘老对我的启蒙。"又如吉林工业大学校长陈秉聪教授、长春汽车研究所所长陆孝宽、上海交通大学造船系教授李渤仲、大连理工大学造船系教授胡国栋等，都曾受业于潘承孝。他们都在内燃机、汽车学科方面做出了突出的贡献。

潘承孝从事教育 60 余年，培养出一大批国内外知名的内燃机专家、学者。他主张理工结合，强调基础理论的教育和实践能力的培养并重，走教学、科研、生产三结合的道路，为发展祖国交通运输工业培养出大量人才，付出了他毕生的心血。

四 中国出租汽车大王——周祥生

周祥生（1895—1974 年，图 2-20），原民国时期上海滩"出租车大王"或"汽车大王"。

汽车文化

图2-20 周祥生

周祥生原名锡杖，又名锡祥，后改名作祥生。周祥生年少时家贫，小学毕业即辍学打工。周祥生曾在上海做洗衣工，13岁时在上海一家餐馆作服务生，学得一口熟练英语，后来升为餐馆领班。周祥生在餐馆工作时经常为顾客叫车雇车，因而熟悉运输业行情，并与很多汽车司机相熟。

1919年，周祥生转入汽车行业，向英商购入旧篷车一辆，始作出租车生意。鼎盛时，周祥生的出租车行拥有出租车230辆，职工逾800人，是上海滩最大的出租车企业。周祥生也是上海出租车同业公会的会长。

上海解放后，周祥生的企业遵循公私合营。周祥生自己退出出租车行业。

五 木炭汽车发明人——汤仲明

汤仲明（1897—1980年，图2-21），我国著名内燃机专家。他成功研制了世界上第一辆木炭汽车。

幼年时期，父亲十分重视汤仲明的学习，尽力借钱供他读书。由于其学习成绩一直名列前茅，先后读完高小和开封师范。1919年，汤仲明赴法勤工俭学，后毕业于昂若工艺学院，获得机械工艺工程师职称。1926年学成归国，先后在陇海铁路、徐州、开封、洛阳、陕州机车修理厂、机务段工作。

20世纪30年代初，中国机动车数量有了较大的发展。据统计，当时全国共有4万多辆汽车，但汽油、柴油完全靠进口，且价格昂贵。1928年，在南京城加汽油，每升需要17元。1932年，同样的汽油每升涨到44元。

图2-21 汤仲明

看到这一现象，汤仲明从工资中抽取大部分作科研经费，利用业余时间开始研制取代洋油的方法。他租了一间民房做自己的实验室，买了一台旧汽车发动机，开始了他的代燃炉（木炭代油炉）的试验。每天下班后，他就立即钻进这个实验室，废寝忘食地进行研究。

经历了一千多个日日夜夜和无数次的失败，发动机动力总是不理想，每小时只能走十几二十公里。此问题使汤仲明苦思冥想无法解决。有一次，他在小汽车上装上一个木炭炉，汽车才开出大门，不小心碰在大铁门上，将煤气管碰了一个大裂缝，这时发动机竟发出巨大声响，汽车往前一窜，速度突然加快了。司机很怕挨训，可是汤仲明反而笑了。他在碰破管子中得到启发：煤气要再加入部分氢和氧，才能助燃。

1932年，汤仲明在郑州碧沙岗进行了木炭汽车试车活动，获得了成功。试车日，观众如潮，轰动全市。1933年2月，汤仲明将木炭汽车开到南京汤山做载重实验，从南京到汤山只用了53min，和普通车用的时间相当。

新中国成立后，汤仲明先后在西南工业部206厂、重庆柴油机厂、重庆水轮机厂等单位任工程师、总设计师，并先后被选为重庆市人民代表、市政协委员。1955年还被评为市劳模。

六 山东汽车名人——吴际璋

吴际璋，山东省惠民县人，国内汽车行业知名专家，现任山东交通学院教授，检测维修中心总工程师，享受国务院特殊津贴专家。

吴际璋（图2-22），生于1932年，是新中国培养的第一代汽修专家。1956年转业到济南交校（山东交通学院前身）任教，他总结的"三段五步教学法"在全国交通系统中专学校推广，一度成为汽车专业教学的典范，在全国汽车检测及维修领域享有盛名。

20世纪五六十年代，没有电脑，不能制作PPT。吴际璋常常在周末带着学生和煎饼去实验室，把看不见摸不着的设备用锯条一点点锯开，把汽车从发动机到底盘一点点解剖开来。他制作的"等速万向节"、"变速器"等解剖教具至今仍陈列在学校汽车博物馆内。

1982年，山东交通学院汽车实验中心成立，吴际璋担任主任。在完成全校汽车专业学生实验实习任务之余，他带

图2-22 吴际璋

领团队搞培训、做试验、修车。虽然实验中心人手不多，但他总是创造条件，鼓励年轻教师进修学习。当时中专毕业留校，现在是山东交通学院汽车学院院长的于明进就是其中之一。

1996年，64岁的吴际璋离休。但他离休不离岗，开始学电脑、学外语，继续活跃在汽车维修一线。时至今日，吴际璋还保留这样的习惯：隔三岔五地打个车去各4S店逛逛，研究新车变化。有一次，他在4S店发现了一种从未见过的传感器，立即着手研究，弄清楚原理。即便是现在，吴际璋每天上午9点到11点、下午3点到5点还会坚持到山东交通学院检测中心下属的交通司法鉴定中心、培训中心、检测站、汽修车间转一大圈，找点与汽车有关的问题。

不仅自己亲自动手修车，吴际璋还常常遥控弟子异地修车。爱徒如子的吴际璋一直是学生们的坚强后盾。从教60年来，他教过上万名学生。如今这些弟子分布在五湖四海。他们毕业后遇到难题，经常会随手摸起电话就给他打。

实践活动

1.与学习小组内的同学分工，通过网络搜寻、查阅资料、采访亲友等方式，深入了解本项目已介绍的汽车名人的事迹，广泛了解项目中未提及的和本地区汽车名人的事迹，然后在小组内交流。

2.将自己了解的汽车名人的事迹加以概括提炼，制作成汽车名人卡片。内容可包括姓名、生卒年代、地位荣誉、主要事迹或成就等。例：

汽车文化

> **汽车名人　　　01**
>
> 孟少农(1915-1988)，汽车设计制造专家，中国汽车工业的创始人之一。
>
> 早年留学美国，曾任清华大学教授，一汽副厂长兼副总工程师，参与创建一汽、二汽。先后创办中国第一个汽车专业班、长春汽车工业学校、二汽职工大学等。

3.由班委会组织，以"我欣赏（喜爱）的汽车名人"为题，召开一次汽车名人故事会。每个小组推荐2~3名同学或大家自由发言，向全班讲述汽车名人的故事。

4.由班委会统一安排，将汽车名人的图片和事迹制作成展牌，悬挂在教室、实训室或校园其他地方。也可以小组为单位，出版一期以汽车名人为专题的黑板报或手抄报。

项目三 世界著名汽车公司车标及其品牌

学习目标

完成本项目学习后，你应能：
1. 认识欧洲、美洲、亚洲等国著名汽车公司车标及其品牌；
2. 知道世界著名汽车公司的发展简况；
3. 知道一些著名汽车标志的象征意义或设计意图。

建议课时

4课时。

项目描述

随着经济的发展和市场的变化，世界各大汽车公司的发展经历过多次兼并、融合，呈现出"你中有我，我中有你"的局面。公司发展的过程渗透了创始人和经营者的管理理念以及所在地区历史、文化的影响，许多品牌的归属也经历了诸多变化。

汽车的标志包括汽车的商标或厂标、产品标牌、发动机型号及出厂编号、整车型号及出厂编号以及车辆识别代号等。通常人们所说的"车标"主要是指汽车的商标或厂标，这些标志往往成为汽车企业的代表。

学习本项目，我们可以从世界著名汽车公司发展及其车标寓意中了解前人关于汽车发展的理念，感受人们对汽车产业倾注的热情。学习时可以通过网络或图书资料进一步了解一些著名汽车公司发展的详细情况，继续搜集其他的汽车标志，并将自己的收获与同学进行交流。

情景导入

成立于2007年的观致汽车对于国内消费者而言是一个陌生的品牌。它是2007年奇瑞公司与以色列公司合资的全新汽车品牌，依靠欧洲的研发中心等优秀基因，观致正成为一个全球化中高端汽车品牌。

尽管观致还未在欧洲市场进行销售，但由于其商标使用问题，目前已经出现了两起诉讼事件。2012年末，观致汽车与起亚汽车在欧盟地区就K9车型的命名发生争执，由于起亚希望K9车型在欧盟地区销售时被命名为"Quoris"，而更早获得欧盟商标备案的观致汽车认为这与它的英文商标"Qoros"容易发生相混淆给消费者造成误导。通过法律诉讼程序，观致汽车最终在这一争议中获胜。

无独有偶，由于大众称观致首款量产轿车"GQ3"名称与奥迪Q系车型名称有冲突并对后者提起诉讼，在德国法院支持下最终奥迪胜诉，令"GQ3"被迫暂时改名为"观致3"。好在发生争执的仅为概念车型，并且在未来量产后会采用新的名称。

课题一　欧洲著名汽车公司车标及其品牌

一　戴姆勒—奔驰汽车公司

1　发展简况

戴姆勒—奔驰汽车公司的创建人是被世人誉为"汽车之父"的卡尔·本茨和戈特利布·戴姆勒，总部设在德国的斯图加特市，其前身分别是奔驰汽车厂和戴姆勒汽车厂。1926年两厂合并后，称为戴姆勒—奔驰汽车公司。在世界十大汽车公司中，奔驰公司产量最小，不到100万辆，但它的利润和销售额却名列前五名。奔驰汽车公司除以生产高质量、高性能豪华汽车闻名外，还是著名的大客车和载货汽车的生产厂家。1998年，该公司与美国的克莱斯勒公司合并为"戴姆勒—克莱斯勒"公司。2007年5月，两家公司又分道扬镳。

现在人们往往将奔驰汽车称为"梅塞德斯—奔驰（Mercedes—Benz）"，梅塞德斯是一个奥地利小女孩的名字，原意为优美、慈悲、幸福，意为戴姆勒生产的汽车将为车主们带来幸福。

戴姆勒—奔驰汽车公司下属品牌主要有：迈巴赫、奔驰、斯马特（也称作精灵）等。

2　典型车标

戴姆勒—奔驰汽车公司成立后，将原戴姆勒汽车公司车标和奔驰汽车公司车标进行了综合（图3-1），在两个嵌套的圆中含有一颗三叉星，象征着陆上、水上和空中的机械化，"MERCEDES"字样在上，"BENZ"字样在下，两者之间用月桂枝树叶相连。现在的戴姆勒—奔驰汽车公司车标，是形似转向盘的一个圆环包围着三叉星的图样，如

图3-2所示。

a)原戴姆勒车标

b)原奔驰车标

c)综合后的戴姆勒—奔驰车标

图3-1 戴姆勒—奔驰汽车公司车标的演变

图3-2 奔驰的三叉星车标

二 大众汽车公司

1 发展简况

大众汽车公司是德国最大的汽车生产集团，创建于1937年5月，创始人是费尔南德·波尔舍。1938年，大众汽车新厂在德国沃尔斯堡奠基，1939年建成。最初设计年产汽车100万辆，但仅生产了630辆"甲壳虫"就因第二次世界大战爆发停产。"二战"后，大众公司的汽车生产又逐步恢复。由于"甲壳虫"价格低廉，这种汽车很快就风靡德国和欧洲。随着"甲壳虫"的畅销，大众汽车公司成为世界著名的汽车生产集团。大众汽车公司于1984年与中方合资建立了上海大众汽车有限公司。

大众汽车公司下属品牌主要有：大众、奥迪、西亚特、斯柯达、布加迪、宾利、兰博基尼等。

2 典型车标

（1）大众。大众汽车公司的德文是"Volks Wagenwerk"，意为大众使用的汽车，车标（图3-3）由德文单词中的两个字母V和W上下排列，并嵌套在一个圆内。通常将其解释为由三个用中指和食指作出的"V"组成，表示大众公司及其产品必胜—必胜—必胜。

（2）奥迪。1932年，由奥迪、霍希等四家公司合并组成汽车联盟公司，车标（图3-4）为四个相同且相连的圆环，代表着合并前的四家公司，象征着公司成员平等、互利、协作的密切关系和奋发向上的创业精神。1958年，汽车联盟公司曾被戴姆勒—奔驰汽车公司收购，1964年，又被转卖给大众汽车公司。1969年，一度改称奥迪纳苏汽车联合公司。1985年，又更名为奥迪汽车公司，车标未变。

（3）宾利。宾利汽车公司成立于1919年，起初主要生产运动车，创始人是英国的沃尔特·欧文·宾利。1931年，宾利汽车公司被劳斯莱斯汽车公司兼并，开始生产豪华轿车。1998年，宾利被大众汽车公司收购。

1919年，宾利汽车公司生产第一辆四汽缸赛车时车上就带有一个徽章（图3-5），上面是一只展翅翱翔的雄鹰，鹰的腹部标有公司名称"Bentley"的第一个英文大写字母，标志着宾利汽车公司在全球范围内的发展能力。

图3-3　大众汽车车标　　　　图3-4　奥迪汽车车标　　　　图3-5　宾利汽车车标

三　宝马汽车公司

1　发展简况

1916年，卡尔·拉普和马克思·弗里茨在德国慕尼黑创建了巴依尔发动机公司（Bayerische Motoren Werkbag），1918更名为宝马汽车公司。该公司由最初的飞机发动机生产发展成为以高级轿车为主导，并生产享誉全球的飞机发动机、越野车和摩托车的企业集团。宝马汽车公司作为国际汽车市场上的重要成员相当活跃，相继收购了英国的路虎、劳斯莱斯和迷你，成为一个后起的跨国大公司。2003年，宝马汽车公司将旗下的路虎公司以1美元的价格出售给了美国福特汽车公司。

宝马汽车公司下属品牌主要有：宝马、迷你、劳斯莱斯等。

2　典型车标

图3-6　宝马汽车车标

宝马汽车车标（图3-6）是在双圆环的上方标有"BMW"字样，这是宝马汽车公司全称的缩写。内圆中为蓝白相间图案，代表在蓝天白云中不停运转的螺旋桨，象征着该公司过去在航空发动机技术方面的领先地位，又象征着公司在广阔时空旅途中，以科技创新的观念满足消费者的最大愿望，反映了宝马汽车公司蓬勃向上和日新月异的面貌。

四　标致—雪铁龙汽车公司

1　发展简况

标致和雪铁龙都是法国著名的汽车公司。1890年，法国人勒内·本哈特、埃米尔·拉瓦索和阿尔芒·标致制造了法国第一辆汽车。1896年，阿尔芒·标致在蒙贝利亚尔省创建了标致汽车公司。1912年，安德烈·雪铁龙创建了雪铁龙齿轮公司，后更名为雪铁龙汽车公司。1976年，标致汽车公司与雪铁龙汽车公司合作，成立了标致—雪铁龙汽车公司，从而成为世界上一家以生产汽车为主，兼营机械加工、运输、金融和服务业的跨国工业集团。

标致—雪铁龙汽车公司下属品牌主要有：标致、雪铁龙、地平线、桑巴等。

2 典型车标

（1）标致。标致汽车车标（图3-7）是站立的雄狮图案。该图案是法国蒙贝利亚尔省标致家族的徽章。据说，标致的祖先曾到美洲探险，在那里见到了令人惊奇的动物——狮子，于是就以狮子图案作为家族的徽章。雄狮商标最初只用于生产锯条，借以体现标致拉锯的三大优点：锯齿像雄狮的牙齿久经耐磨，锯身像狮子的脊背富有弹性，性能像狮子一样所向无阻。当第一辆标致汽车问世时，为表明它的高品质，公司决定仍沿用"雄狮"商标。目前采用的是前爪伸出作拳击状的立狮图案，既突出了力量，又强调了节奏，富有极强的时代感，同时也喻示着标致汽车像雄狮一样威武、敏捷，永远保持旺盛的生命力。

（2）雪铁龙。1900年，安德烈·雪铁龙发明了人字形齿轮。自1912年起，他开始用人字形齿轮作为雪铁龙公司产品的商标。雪铁龙汽车公司的车标（图3-8）就是人字形齿轮一对轮齿的图案，象征人们密切合作，同心协力，步步高升。

图3-7 标致汽车车标

图3-8 雪铁龙汽车车标

五 菲亚特汽车公司

1 发展简况

菲亚特汽车公司始建于1899年，创始人是乔瓦尼·阿涅利。菲亚特是世界上第一个微型汽车生产厂，公司的全称是意大利都灵汽车制造厂（Fabbrica Italiana di Automobi Torino），菲亚特（FIAT）是该公司缩写的译音。

菲亚特集团总部设在意大利都灵市，在全球100多个国家设有子公司和销售机构。其轿车部门主要有菲亚特、法拉利、阿尔法和蓝旗亚公司，工程车辆有依维柯公司。菲亚特汽车公司的年产量占意大利全国汽车年产量的90%以上，这在世界汽车工业中是罕见的。因此，菲亚特被称为意大利汽车工业的"寒暑表"。

菲亚特汽车公司下属品牌主要有：菲亚特、阿尔法·罗密欧、法拉利、蓝旗亚、玛莎拉蒂、依维柯等。

2 典型车标

（1）菲亚特。菲亚特汽车车标（图3-9）采用公司全称四个单词的第一个大写字母作为图案。因为"FIAT"在英语中具有"法令"、"许可"的含义，所以，该车标意味着菲亚特轿车具有较高的合法性与可靠性，深得用户的信赖。

（2）阿尔法·罗密欧。阿尔法·罗密欧的车标（图3-10）是意大利米兰市的市徽，也是中世纪米兰的领主维斯康泰公爵的家徽。标志中的十字部分来源于十字军从米兰向外远征的故事；右边部分是米兰大公的徽章。关于蛇正在吞食撒拉迅人的图案有种种传说，其中一个说法是象征着维斯康泰的祖先曾经击退了使人民遭受苦难的"龙"。

图3-9　菲亚特汽车车标　　　　图3-10　阿尔法·罗密欧汽车车标

课题二　美洲著名汽车公司车标及其品牌

一、福特汽车公司

1. 发展简况

福特汽车公司是世界上最大的汽车企业之一，1903年由亨利·福特先生创立于美国底特律市。1908年，福特汽车公司推出了属于普通百姓的经济型T型车，推动了世界汽车工业革命的发展。1913年，福特汽车公司又创造了用流水线装配汽车的方式，促进了汽车在美国和世界的普及，成为世界汽车工业史上具有划时代意义的伟大创举。

亨利·福特先生成功的秘诀只有一个：尽力了解人们内心的需求，用最好的材料，由最好的员工，为大众制造人人都买得起的好车。1999年，《财富》杂志将他评为"二十世纪商业巨人"，以表彰他和福特汽车公司对人类工业发展所做的杰出贡献。

福特汽车公司下属品牌主要包括：阿斯顿·马丁、福特、捷豹、路虎、林肯、马自达、水星、沃尔沃等。如今，阿斯顿·马丁、捷豹和路虎已经出售，并且卖掉了马自达20%的股份，沃尔沃则被中国浙江吉利控股集团有限公司收购。

2. 典型车标

（1）福特。福特汽车的车标（图3-11）采用福特英文"Ford"字样，蓝底白字。由于创建人亨利·福特喜欢小动物，所以标志设计者把福特的英文画成形似一只小白兔的图案，犹如在温馨的自然环境中，有一只温顺可爱、充满活力的小白兔正在向前飞奔，象征着福特汽车奔驰在世界各地。

（2）林肯。林肯汽车公司是亨利·利兰先生创立的，1922年被福特汽车公司收购。由于林肯车杰出的性能、高雅的造型和无与伦比的舒适，它一直是美国车舒适、豪华的象征。林肯汽车也是第一个以总统的名字命名的品牌，专为总统和国家元首生产的高档轿车。自1939年美国的富兰克林·罗斯福总统以来，它一直被选为总统用车。林肯汽车的车标（图3-12）是一颗闪耀的四角星和一个近似矩形的外框组成的图案，表示林肯总统是美国联邦统一和废除奴隶制度的启明星，也喻示着林肯牌轿车具有光辉灿烂的明天。

（3）沃尔沃。沃尔沃原是一家瑞典汽车公司，也译为富豪汽车公司。1999年1月，福特汽车公司收购了沃尔沃汽车公司的轿车部。2010年8月，中国浙江吉利控股集团有限公司正式完成对沃尔沃品牌100%的收购。沃尔沃车标（图3-13）是由双圆环组成车轮的形状，并有指向右上方的箭头，中间的拉丁文"VOLVO"是滚滚向前的意思，寓意着沃尔沃汽车的车轮滚滚向前和公司兴旺发达、前途无量。

图3-11　福特汽车车标　　　　图3-12　林肯汽车车标　　　　图3-13　沃尔沃汽车车标

二　通用汽车公司

1 发展简况

通用汽车公司的创始人是威廉·杜兰特，总部设在美国底特律市。1904年，杜兰特果断地买下了别克汽车公司。1908年，杜兰特以别克汽车公司为核心创建了早期的通用汽车公司。后来又先后联合或兼并了奥克兰、凯迪拉克、雪弗兰等汽车公司。通用汽车公司以其雄厚的实力，在汽车技术和产量上成为世界上首屈一指的汽车公司，被称为世界汽车的"巨人"。

通用汽车公司主要品牌包括：别克、凯迪拉克、雪弗兰、庞蒂克、土星、吉姆西、悍马、欧宝、萨博、霍顿、大宇等，其中前七个是美国本土品牌。

2009年6月1日，通用汽车公司申请破产保护，7月10日更名为通用汽车有限公司，结束破产保护，只保留了凯迪拉克、别克、雪弗兰、GMC四个核心品牌。

2 典型车标

（1）别克。别克汽车公司创建于1903年，后并入通用汽车公司。别克车标（图3-14）

汽车文化

图3-14 别克汽车车标

是三把颜色不同（从左到右分别为红、白、蓝），依次排列在不同高度上的利剑图案，给人一种积极进取、不断攀登的感觉，表示别克汽车采用顶级技术，刃刃见锋；也表示经别克技术磨炼出的人才个个游刃有余，是无坚不摧、勇于攀登的勇士。

（2）凯迪拉克。凯迪拉克汽车公司创建于1902年，于1909年并入通用汽车公司。凯迪拉克汽车公司选用这一名称，是为了向法国的皇家贵族、探险家、美国底特律城的创始人安东尼·门斯·凯迪拉克表示敬意。凯迪拉克车标（图3-15）上为冠，下为盾，周围为郁金香花瓣构成的花环。冠上的7颗珍珠显示皇家贵族的血统，盾象征凯迪拉克军队的英勇，花环表示荣誉。组合起来喻示着凯迪拉克汽车的高贵和气派。进入21世纪，凯迪拉克使用了新版车标，去掉珍珠头冠，图案简洁又有贴近大众之意；盾牌色彩更加明快，突出了经典和尊贵；花环进一步抽象化，轮廓更加鲜明。

（3）雪佛兰。雪佛兰汽车公司创建于1911年，创始人为威廉·杜兰特和瑞士赛车手、工程师路易斯·雪佛兰。品牌名称"Chevrolet（雪佛兰）"就来自后者的名字。1918年，雪佛兰并入通用汽车公司。雪佛兰车标（图3-16）是一个图案化的蝴蝶结，它是杜兰特在看报纸时设计的图案。杜兰特还从巴黎酒店的墙上获得了灵感，对原设计进行了简化。在西方社会里，领结是人人喜爱的饰物，既体现着大众文化，又标志着贵族气派。

a)旧版车标　　　b)新版车标

图3-15 凯迪拉克汽车车标

图3-16 雪佛兰汽车车标

课题三　亚洲著名汽车公司车标及其品牌

一　丰田汽车公司

1 发展简况

丰田汽车公司的前身是1933年在丰田自动织布机制作所设立的汽车部，创始人是丰田喜一郎。1937年8月，正式独立为丰田汽车工业公司，总部设在日本爱知县丰田市。第二次世界大战之后，该公司通过引进欧美技术，并根据日本民族的特点，创造了著名的丰田生产管理模式，大大提高了工厂生产效率。1982年7月，丰田汽车工业公司与丰田汽车销售公司合并为丰田汽车公司。如今，丰田已经发展成为拥有数十个车型和车款的庞大家族。

丰田汽车公司所属品牌主要有：皇冠、卡罗拉、陆地巡洋舰、威驰、雷克萨斯等。

2 典型车标

（1）丰田。丰田汽车车标（图3-17）是三个椭圆组成的图案，外边的大椭圆表示地球，中间有两个椭圆垂直组合构成一个"T"字，是英文"TOYOTA（丰田）"的第一个字母，代表丰田汽车公司。其内涵正如该公司所解释的：它象征着丰田立足于未来，对未来的信心和雄心；象征着丰田置身于顾客，对顾客的保证；象征着丰田技术之高和革新的潜力。

（2）雷克萨斯。雷克萨斯（Lexus）车名是丰田汽车公司花费3.5万美元请美国一家起名公司命名的，其中文译名一直为"凌志"。2004年6月，丰田汽车公司在北京宣布将中文译名改为"雷克萨斯"。雷克萨斯车标（图3-18）采用车名第一个字母"L"大写变形，"L"的外面用一个椭圆包围的图案。椭圆代表地球，表示雷克萨斯轿车遍布全世界。

图3-17 丰田汽车车标　　　　　图3-18 雷克萨斯汽车车标

二 日产汽车公司

1 发展简况

日产汽车公司又称尼桑汽车公司。1933年，日本户烟铸造公司与日本产业公司合资建立汽车制造公司，第二年，更名为日产汽车公司。"日产"是日本产业的简称。

日产汽车公司起初只生产载货汽车，1952年开始从英国引进小客车制造技术。1999年，日产汽车公司与法国雷诺汽车公司签订了一个全面的联盟协定，旨在加强日产汽车公司的财政地位，同时获得双赢的发展。

2 典型车标

日产汽车车标（图3-19）是由圆环和带字母的条块组成的图案。圆环表示太阳，来自日本国旗图案；条块上的字母"NISSAN"是日产的英文译音。整个图案的意思是"以人和汽车的明天为目标"。

三 本田汽车公司

1 发展简况

本田汽车公司建于1948年,创始人为本田宗一郎,总部设在东京,其前身是本田技术研究所。本田汽车公司是世界上最大的摩托车生产厂家,又素有日本汽车技术发展排头兵之称。在技术开发和研究上的大规模投入,使本田汽车公司获得了丰硕的成果。自1954年以来,本田汽车公司踊跃参加F2、F1等世界最高水平的汽车大赛,时刻保持挑战精神,在极限状况下不断提高自己的技术。

2 典型车标

本田汽车车标(图3-20)是由一个圆角方框围着变形的大写字母"H"的图案。"H"是"本田"英文译音"HONDA"的第一个字母,代表本田汽车公司。整个图案体现了本田汽车公司的技术创新、团结向上和经营有力。

图3-19 日产汽车车标

图3-20 本田汽车车标

四 现代汽车公司

1 发展简况

现代汽车公司建于1967年,创始人是韩国的郑周永,总部位于首尔。现代汽车公司建立的初期只是组装美国福特汽车公司的轿车,到1974年才开始生产自己的轿车。该公司一直受到韩国政府的扶植,发展很快。韩国政府控制着本国轿车的发展,一度仅允许现代汽车公司一家企业生产轿车,从而使现代汽车公司出现跳跃式发展。

2 典型车标

现代汽车车标(图3-21)是由一个椭圆包围着变形的大写字母"H"的图案。"H"是现代公司英文译音"HYUNDAI"的第一个字母,代表现代汽车公司。与本田车标的区别在于它用的"H"为斜花体,且外边是一个椭圆。整个图案象征着现代汽车遍及全球。

五 大宇汽车公司

1 发展简况

1967年,金宇中创建大宇汽车公司,是韩国第二大汽车公司。大宇与美国通用汽车公司关系密切，在创业之初便与通用公司合作生产轿车和八吨以上货车及大客车。大宇以出口为目标，在韩国是最早出口汽车的企业，早在1984年就出口汽车到美国。然而，由于经营不利，资不抵债，大宇汽车公司自从其母公司大宇集团破产后一直在巨额债务中挣扎，并且未能在最后期限内偿付银行的债务，而劳工联盟又拒绝其裁员的重组计划，不得不于2000年11月宣布破产。

2002年10月，通用大宇汽车科技公司（简称通用大宇）宣布成立。通用大宇新公司总部位于韩国仁川，旗下拥有并管理三家分别位于韩国的昌原、群山及越南河内的生产厂，还拥有九家海外分公司。此外，新命名的大宇仁川汽车公司，将为通用大宇提供整车。

2 典型车标

大宇汽车车标（图3-22）有两个：旧版车标使用形似地球的图案，椭圆代表世界、宇宙，中部有五条蓝色条纹和六条白色条纹，蓝色代表年青、活泼，白色代表同心协力和牺牲精神，既象征着高速公路大动脉向未来无限延伸，表示大宇在众多领域无限发展的潜力，也表现了大宇的未来和发展意志。改造后的新版车标与原造型保持密切联系，图案形似正在开放的花朵和蝴蝶，体现了大宇家族的创造力和挑战精神。与旧版车标相比，结构更简洁，外形更具稳定感，金属色更有现代气息。

图3-21 现代汽车车标

a)旧版车标

b)新版车标

图3-22 大宇汽车车标

六 中国第一汽车集团公司

1 发展简况

中国第一汽车集团公司简称"一汽"，总部位于吉林省长春市，前身是第一汽车制造厂，建于1953年7月。1956年7月，第一辆解放CA10型载货汽车下线。1958年7月，生产出第一辆红旗牌CA72型高档轿车。1963年8月，建成了具有批量生产能力的红旗牌轿车生产基地。

一汽是我国最大的汽车企业集团之一，被誉为"中国汽车工业的摇篮"，现已形成载货汽车、轿车、轻微型车、客车多品种、宽系列的产品格局，拥有解放、红旗、奔腾、夏利、威志等自主品牌。

2 典型车标

一汽车标（图3-23）是在艺术化的汉字"汽"中间嵌入阿拉伯数字"1"，外面套一个椭圆的图案，构成一只展翅飞翔的雄鹰，既表示不断进取、奋力高飞的一汽精神，又表示中国汽车工业冲出国门、走向世界的决心。

七 东风汽车集团公司

1 发展简况

东风汽车集团公司的前身是1969年创建的第二汽车制造厂，是与中国第一汽车集团公司和上海汽车工业（集团）公司一起，被视为中国实力最强的三大汽车集团公司之一。2003年9月，公司总部由湖北十堰迁至武汉。

东风汽车集团公司通过与跨国公司的战略合作推动企业发展。公司先后扩大和提升与法国PSA集团的合作，与日产进行全面合资重组，与本田拓展合作领域，与江苏悦达集团、韩国起亚整合重组东风悦达起亚等。

2 典型车标

东风汽车车标（图3-24）是两只春燕环绕圆环中心相对飞翔的图案。两只春燕表示第二汽车制造厂的"二"字，有双燕舞东风之意；圆环代表车轮，象征着东风牌汽车车轮不停地旋转。

图3-23　一汽汽车车标

图3-24　东风汽车车标

实践活动

1. 与同学交流自己知道的世界著名汽车公司品牌和车标的故事。
2. 通过互联网或其他途径查找资料，向同学介绍书中没有提到的世界著名汽车公司发展简况及其品牌和车标。
3. 针对下列车标的设计思路进行举例说明。

（1）采用英文首字母的：

①品牌名称：	②品牌名称：
设计思路：	设计思路：

（2）采用名称简写的：

①品牌名称：	②品牌名称：
设计思路：	设计思路：

（3）采用品牌英文的：

①品牌名称：	②品牌名称：
设计思路：	设计思路：

（4）采用象征物件的：

①品牌名称：	②品牌名称：
设计思路：	设计思路：

（5）采用抽象图形的：

①品牌名称：	②品牌名称：
设计思路：	设计思路：

4.向同学或家人说说自己喜欢的2~3个汽车标志的含义。

5.由班委会组织一次游戏，以学习小组为单位，每组设计5道关于世界著名汽车公司品牌和车标的题目，其他组的同学抢答，看哪个小组成绩高。

项目四 汽车相关知识

学习目标

通过本项目的学习，你应能：
1. 了解什么是汽车并能区分不同类型的汽车；
2. 了解汽车的总体构造；
3. 了解汽车编号和车辆识别代码；
4. 认识汽车公害与环境的问题；
5. 了解汽车召回制度。

建议课时

6课时。

项目描述

汽车是一种高度精密的机器，是人类文明与文化的载体，与其相关的知识非常丰富。本项目主要选取其中最基础的技术性知识，包括汽车的定义和分类、汽车总体构造、汽车编号、汽车与环境、汽车召回制度五个方面的内容进行介绍。

学习本项目，我们可以进一步加深对汽车的认识，了解汽车的构造，能够对不同类型的汽车进行区分，同时树立环保、可持续发展的理念。在整个项目的学习过程中，我们除了可以利用网络和图书资料外，还应充分利用身边的资源，参观车展、汽车博物馆等，进行社会调查，拓展自己的视野。

情景导入

综合外电报道，三菱汽车日前在澳大利亚市场针对两款车型发布了召回，规模达两万多辆，原因是这些车辆前悬架存在故障隐患。

此次召回共涉及20405辆汽车，其中分别包括17540辆Triton及2865辆Challenger。

这些车辆的前悬架下控制臂可能存在焊接缺陷,导致车身在行驶过程中缺乏稳定性,可能向左或向右发生偏移。

三菱表示,如果上述两款车型存在下控制臂焊接不当的故障,则车主在车辆得到修复之前应谨慎驾驶,尽量减少对悬架的冲击负荷。

三菱汽车澳大利亚公司女发言人Shayna Walsh表示,该公司已经同相关车主发送了邮件通知,目前尚未收到因上述悬架故障所导致的事故报告。

思考:我们在新闻中常听到汽车召回的信息。"召回"到底是什么,汽车为什么要召回?如何在众多的车辆中确定需要召回的车辆呢,汽车是不是也有特殊的编号呢?

课题一 汽车的定义和分类

从汽车出现至今已有一百多年,它驶入我们生活的各个方面,成为"改变世界的机器"。它令世界变得多姿多彩,让人们的生活充满活力。

汽车与我们的距离是如此的近,我们与汽车是如此的熟悉,但汽车到底是什么?如何区分不同类型的汽车呢?

一 汽车的定义

汽车是指由自身动力驱动,一般具有四个或四个以上车轮,不依靠轨道或架线而在道路上行驶的轮式交通运输工具。汽车通常被用作载运乘客、货物和牵引挂车,也有为完成特定运输任务或作业任务而将其改装的专用车辆,但不包括专供农业使用的机械(图4-1)。

图4-1 农业机械

二 汽车的分类

汽车的分类方法有许多种,我们选择三种常用的分类方法进行介绍。

1 根据汽车的动力装置分类

根据汽车的动力装置不同可分为内燃机(主要包括汽油发动机和柴油发动机)车辆、混合动力车辆、电动车辆、燃料电池复合动力车辆等,如图4-2所示。

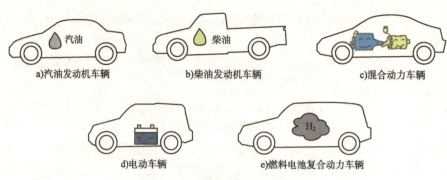

图4-2 按动力装置形式分类的汽车

2 根据汽车的用途分类

2002年3月1日,我国正式实施新的国家标准《汽车和挂车类型的术语和定义》(GB/T3730.1—2001),将汽车按用途分为乘用车和商用车,如图4-3和图4-4所示。

图4-3 乘用车(全球鹰GC7)

图4-4 商用车(东风多利卡)

乘用车即我们平时所说的轿车和小汽车,也包括轿车的各种变形车(如越野车、旅行车等),是指在其设计和技术特征上主要用于载运乘客及其随身行李、物品的汽车,包括驾驶人座位在内最多不超过9个座位,它也可以牵引一辆挂车。

商用车是指在设计和技术特性上用于运送人员和货物的汽车,并且可以牵引挂车(乘用车不包括在内),商用车又被划分为三类:载客车、载货车和特种车,如图4-5所示。

a)客车

b)载货车

c)特种车辆

图4-5 商用车的三大类别

3 按驱动方式分类

按照发动机、驱动轮的位置及驱动轮的数量,可将汽车分为以下几种(图4-6)。

（1）发动机前置，前轮驱动车辆（FF）。这种驱动方式可以没有传动轴，所以驾驶室平整、宽敞、舒适。

（2）发动机前置，后轮驱动车辆（FR）。这种车辆具有较好的平衡性，控制性和稳定性好，多用于中高级车辆。

（3）发动机中置，后轮驱动车辆（MR）。这种驱动方式的前后桥载荷分配均衡，操控性好，但驾驶室空间小，多用于高性能跑车。

（4）发动机后置，后轮驱动车辆（RR）。发动机置于车辆后方，驾驶室噪声小，但发动机散热不好，多见于客车。

（5）四轮驱动车辆（4WD）。这种车辆的4个车轮都是驱动轮，所以动力性和驱动性好。

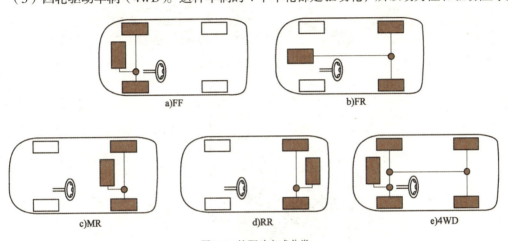

图4-6 按驱动方式分类

课题二 汽车总体构造

随着科技的进步，汽车的结构（图4-7）越来越复杂。不过不同的车型虽然结构千差万别，但基本上都是由发动机、底盘、电气设备和车身四大部分组成的。

1 发动机

发动机是汽车的心脏，是汽车的动力源。其作用是使燃料燃烧，将热能转变为推动活塞的机械能，驱动汽车行驶。目前国内外汽车绝大多数采用往复活塞式内燃机作为动力装置。

汽油发动机主要包括两大机构和五大系统，它们分别是曲柄连杆机构、配气机构、燃料供给系统、冷却系统、润滑系统、点火系统和起动系统（图4-8），柴油机没有点火系统。

图4-7 汽车总体构造拆分

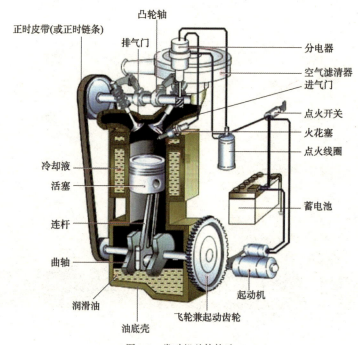

图4-8 发动机总体构造

2 底盘

底盘是汽车的骨架，用来支撑车身和安装所有部件。汽车底盘由传动系统、行驶系统、转向系统和制动系统四部分组成，如图4-9所示。

（1）传动系统。传动系统的基本功用是将发动机的动力传给汽车的驱动轮，产生驱动力，使汽车能以一定的速度行驶。传动系统一般由离合器、变速器、万向传动装置、主减速器、差速器和半轴组成，如图4-10所示。

（2）行驶系统。行驶系统用于将汽车各总成、部件连接成一个整体，起到支持全车并保证车辆正常行驶的作用。行驶系统由车架、车桥、车轮与轮胎、悬架组成。车架是汽车的装配基体,将整个汽车装成一体;车桥与车轮负责汽车的行驶;悬架位于车桥与车架之间,起到传力、导向和缓冲减振的作用。行驶系统除影响汽车的操纵稳定性外,对乘坐舒适性也有影响。

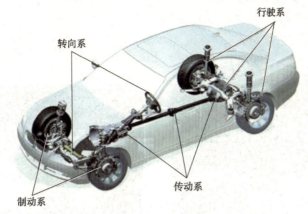

图4-9 汽车底盘组成

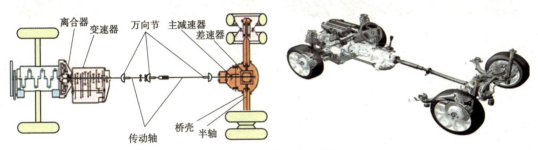

图4-10 汽车传动系统组成

(3)转向系统。用来改变或保持汽车行驶方向的一系列装置称为汽车转向系统,如图4-11所示。主要由转向操纵机构、转向器和转向传动机构等组成,为了使转向轻便,有的车辆上还有转向助力装置。转向系统和制动系统的好坏会直接影响到汽车安全。

(4)制动系统。制动系统用以降低汽车的行驶速度或停车,或者使汽车在原地可靠地停驻(图4-12)。制动系统一般由行车制动装置和驻车制动装置两大部分组成。行车制动装置由驾驶人通过制动踏板来操纵,使行进中的车辆减速或停车。驻车制动装置通常由手操纵杆来操纵,可以使车辆可靠地停驻在原地不动。

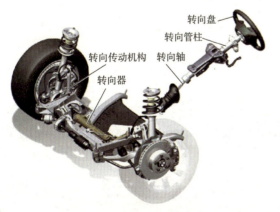

图4-11 汽车转向系统

图4-12 汽车底盘透视图

❸ 电气设备

汽车电气设备包括发动机电气设备和车身电气设备两类。在现代汽车上，越来越多地装备各种由计算机控制的电控系统，大大地提高了汽车的性能。

发动机电气设备（图4-13）包括电源系统、起动系统及点火系统。车身电气设备包括仪表系统（图4-14）、照明系统、音响系统及信号系统等。

图4-13　点火线圈、发电机

图4-14　汽车仪表

❹ 汽车车身

车身的作用主要用来覆盖、包装和保护汽车零部件，提供装载货物的空间以及对驾驶人和乘员提供舒适的乘坐环境。汽车车身结构从形式上说，主要分为承载式车身（图4-15）和非承载式车身（图4-16），轿车多采用前者。

图4-15　承载式车身

图4-16　非承载式车身

课题三　汽车编号

在汽车上使用编号，是各国政府为了管理机动车辆而实施的一项强制性规定。有了编号就可以使用计算机对车辆进行检索，在处理交通事故、开展交通事故保险赔偿、破获车辆盗窃案件等方面发挥重要作用。

汽车产品的编号分为汽车产品编号和车辆识别代码两种形式。前者主要用来表明汽车的厂牌、类型和主要特征参数等，目前我国关于汽车产品编号的规则主要依据1988年颁布的国家标准《汽车产品型号编号规则》(GB9417-88)(注：该标准已作废，但无替代标准)。车辆识别代码则按照国际标准化组织制定的统一规则，在世界范围内对车辆编制唯一识别身份的代码。

一 国产汽车的编号规则

根据国家标准规定，汽车产品编号由企业名称代号、车辆类型代号、主要参数序号、产品序号和企业自定义代号五部分组成，用字母和阿拉伯数字表示，如图4-17所示。

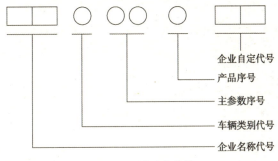

图4-17 国产汽车编号

1 企业名称代号

企业名称代号用2~3位字母表示，是制造该车型的企业名称。如："CA"表示一汽公司；"EQ"表示东风汽车公司；"NJ"表示南京汽车厂；"TJ"表示天津汽车制造厂；"SVW"表示上海大众；"HG"表示广州本田；"CAF"表示长安福特；"DC"表示东风雪铁龙；"SGM"表示上海通用等。

2 车辆类别代号

车辆类别代号采用一位阿拉伯数字表示，各数字所代表的汽车类型见表4-1。

车 辆 类 别 代 号　　　　　　　　　　表4-1

车型	载货汽车	越野汽车	自卸汽车	牵引汽车	专用汽车	客车	轿车	半挂车
代号	1	2	3	4	5	6	7	9

3 主要参数代号

主要参数代号设有两位，用以表示汽车主要的数据，不同类型的汽车主要参数代号有不同的含义。对于载货汽车、越野汽车、自卸汽车、牵引汽车、专用汽车及半挂车来说，主要参数代号为车辆的总质量，单位为吨(t)，只取整数部分。当总质量在100t以上时，允许用3位数字表示。

客车的主要参数代号为其总长度,单位为0.1m。如某客车主参数代号为84,则该客车的总长度约为8.4m。

轿车的主要参数代号为其发动机的排量,单位为0.1L。如某轿车的主参数代号为13,则该轿车的发动机排量约为1.3L。

4 产品序号

产品序号是生产厂家用来区别本厂生产的同类型、同参数但不同产品系列或经过改进后的产品,用一位数字表示。一般用0表示第一代,经过一次较大改进后,用1表示第二代,以此类推。

5 企业自定义代号

企业自定代号由企业决定,既可以用字母,也可以用数字表示,表示的内容也比较灵活,都是该产品最突出的特征,如发动机代号、驾驶室代号、轴距代号等。代号的具体含义由企业定义。

汽车产品编号举例:

EQ2080:表示中国第二汽车制造厂生产的越野汽车,总质量为8t。

TJ7131U:表示天津汽车厂生产的轿车,发动机排量为1.3L,是该车型的第二代产品,U为企业自定义。

二 车辆识别代码(VIN)

车辆识别代码简称VIN,由17位字母和阿拉伯数字组成(图4-18),用以识别车辆身份,如同人的身份证一样。车辆识别代码在世界范围内可以确保30年无重号,从而成为汽车的唯一识别符号。

图4-18 车辆识别代码

1 VIN的含义

VIN由世界制造厂识别代码、车辆描述码和车辆指示码三部分组成。

(1)世界制造厂识别代码。通常是VIN的前3位。世界制造厂识别代码用来标识车辆制造厂,具有唯一性。

第1位字符表示地理区域、生产国家代码,见表4-2。

部分国家代码　　　　　　　表4-2

国家	中国	美国	日本	德国	韩国	意大利	英国	法国
代码	L	1	J	W	K	Z	S	V

第 2 位字符表示汽车制造商代码。

第 3 位字符表示某个特定的制造厂（不同的厂商有不同的解释）。如果制造厂的年产量少于 500 辆，其识别代码的第 3 位字符为 9。

国内常见的汽车制造厂的 WMI 编号：

LSV——上海大众；LFV——一汽大众；LDC——神龙富康；LHG——广州本田；LHB——北汽福田；LKD——哈飞汽车；LSG——上海通用。

（2）车辆描述码。说明车辆的一般特性，由车辆识别代码的第 4~9 位共六位字码组成。如果制造厂不用其中的一位或几位字码，应在该位置填入选定的字母或数字占位。此部分应能识别车辆的一般特征，其代号顺序由制造厂决定。

第 4~8 位表示车辆特征，用于说明车辆的种类、系列、车身类型、发动机类型、车辆额定总质量等信息。

第 9 位是校检位，通过一定的算法防止输入错误。

（3）车辆指示码。制造厂为了区别不同车辆而设定的一组字符，车辆指示部分由车辆识别代码的后八位字符组成，其最后四位字符应是数字。

2 车辆 VIN 的位置

VIN 应位于易于看到并且能防止磨损或替换的部位。常见的部位有仪表与前风窗玻璃左下角的交界处（图 4-19）、发动机横梁上（图 4-20）、左前门边或立柱上等。

图4-19　汽车VIN的常见位置

图4-20　发动机横梁上的VIN

3 VIN 码举例

下面以上海通用别克凯越轿车为例说明 VIN 码的含义。某凯越轿车的 VIN 为：L S G J S 5 2 U 0 4 S 1 5 9 1 6 5，各部分的说明见表 4-3。

上海通用别克凯越轿车VIN系统　　　　表4-3

位置	定义	字符	说　　明
1~3	制造商代码	LSG	中国上海通用汽车有限公司
4~5	车系和系列	JS	凯越三厢高配1.6MT/AT
		JU	凯越旅行标配1.8MT
		JV	凯越旅行高配1.8AT

续上表

位置	定义	字符	说明
6	车身款式	5	三厢四门车型
		6	两厢四门车型
		8	五门旅行或商务车
7	保护装置	2	手动安全带、前左右双气囊
		3	手(自)动安全带、前左右气囊侧气帘
		4	手(自)动安全带、前左右气囊侧气囊
8	发动机类型	P	T18SED型1.8L直列四缸多点燃油喷射发动机
		U	T16D3型1.6L直列四缸多点燃油喷射发动机
9	检查数字	—	检查数字
10	生产年份	4	2004年
11	制造厂	S	上海金桥北厂
		E	沈阳北盛工厂
12~17	生产序号		

该 VIN 的含义是：上海通用别克公司生产的凯越三厢四门轿车，生产年份为 2004 年，制造厂是上海金桥北厂。该车配备手动安全带、前左右双气囊，搭载 F16D3 型 1.6L 直列四缸多点燃油喷射发动机，出厂编号是 159165。

课题四　汽车与环境

汽车是人类社会发展过程中的一个重要产物，它在给我们的生活带来极大便利的同时，也带来了一系列的环境问题。减少汽车污染，讲究驾驶礼仪，关系到汽车的发展和我们的未来。

一　减少汽车排放

汽车发动机的排气（图 4-21）是城市大气污染的重要原因，根据有关分析，汽车排放的尾气中各种气体成分约有 1000 种，其中对人体健康危害最大的有一氧化碳、碳氢化合物、氮氧化合物、二氧化碳和微粒物，这些气体对人体是有危害的。其中一氧化碳会使人体血液输氧能力降低、神经中枢受损，严重时危及生命。碳氢化合物会刺激人的鼻、眼和呼吸道黏膜，引发呼吸道疾病。氮氧化合物会刺激人眼黏膜，对神经中枢有抑制作用，使呼吸系统失调，引发疾病。微粒是气固态的物质颗粒，因表面吸附多种有毒、致病、致癌物质而具有危害。

同时，汽车排放的尾气扩散到空气中，对自然环境造成巨大的破坏，造成温室效应、光化学烟雾、酸雨、臭氧层减少等。

1 温室效应

二氧化碳气体具有吸热和隔热的功能，其浓度达到一定值时，会使太阳辐射到地球上的热量难以向外层空间发散，其结果是形成了温室效应（图4-22），地球表面就会变热。

图4-21　汽车尾气污染

图4-22　温室效应

目前汽车广泛采用石油产品作燃料，会产生大量的二氧化碳气体。空气中二氧化碳的浓度增加一倍，温室效应将造成地球气温上升1.5~4.5℃。地球温度的升高导致了两极冰川融化（图4-23），同时全球气候更加反常，土地干旱、沙漠化（图4-24）面积增大。

图4-23　极地冰川融化

图4-24　沙漠化

温室效应和全球气候变暖已经引起了全世界各国的普遍关注，改善汽车排放、减少二氧化碳的排放已经成为世界人民的共识。

2 酸雨

酸雨是pH值小于5.65的酸性降水。酸雨主要是被人为地向大气中排放的大量酸性物质污染造成的。其中汽车排放的尾气是形成酸雨的重要原因。酸雨危害巨大，它会诱发各种呼吸道疾病、破坏生态环境（图 4-25）、腐蚀建筑材料（图 4-26），因此被人称为"空中死神"。

图4-25　被酸雨破坏的森林

经历了60年，德国的这座石雕像已经彻底被酸雨毁坏了
图4-26　被酸雨腐蚀的雕像

3 减少汽车排放的措施

（1）政府部门加强管理，减少汽车排放。为了解决汽车带来的废气污染问题，各国相继对汽车排放的有害物质提出了严格的排放标准。自1992年欧盟出台"欧Ⅰ"排放标准以来，汽车排放的标准不断提高，到现在已经达到更为苛刻的"欧Ⅴ"标准（图4-27）。我国参照联合国欧洲经济委员会的排放标准，制定出符合中国国情的排放标准。自2007年7月1日起，全国已经开始实施相当于"欧Ⅲ"和"欧Ⅳ"标准的"国Ⅲ"和"国Ⅳ"标准（图4-28），大大降低了单辆汽车的排放。

图4-27　符合"欧Ⅴ"标准的大众辉腾

图4-28　"国Ⅳ"排放标准

（2）汽车制造企业加强汽车减排技术的研究。降低汽车有害物质的排放，其控制法主要有以下几个方面的内容。其一，对现有的发动机进行改进，如汽油机缸内直喷技术。其二，研究开发新的动力装置，从国内外车展来看，电动汽车、燃料电池汽车等新能源汽车已经成为世界汽车工业的潮流。其三，汽车轻量化和减少空气阻力。全铝发动机、全铝车身、碳纤维等新型材料的使用降低了车身质量，流线型的车身（图4-29）可以减少汽车行驶的空气阻力，这些都可以降低燃料的燃烧，减少排放。

（3）汽车使用者应强化环保意识。这主要包括以下几个方面：其一，购买节能环保的汽车。其二,掌握环保的驾车技术。在汽车驾驶过程中,尽可能减少加速和制动的次数,避免无谓的怠速,合理的选择线路都可以降低汽车的排放量。其三,加强汽车的保养。适时的检查和维护,可以使车上的各系统处在最佳的工作状态,改善废气的排放。其四,减少汽车的使用量。树立良好的用车理念,杜绝"开车打酱油"的闹剧,在出行时适当考虑更为环保的自行车、公交车、地铁(图4-30)等交通工具。

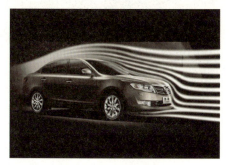

图4-29 广汽传祺流线型车身

图4-30 地铁

二 降低汽车噪声污染

噪声是发声体做无规则运动时发出的声音,是人们不需要的,令人厌烦的干扰声。噪声用dB(分贝)来表示,一般认为40dB是正常的环境声音,超过这一数值就是有害的噪声了。

噪声污染与水污染、大气污染、固体废弃物污染被作为世界范围内四个主要环境问题。随着汽车保有量的增加,汽车噪声污染已经成为现代城市噪声污染的主要来源。

1 汽车噪声的来源

汽车噪声主要来自发动机噪声和轮胎噪声;此外,还有车体振动、传动系统噪声、车身干扰空气的噪声、喇叭声等。

2 噪声的危害

噪声对人、动物、仪器仪表以及建筑物均会构成危害,其危害程度取决于噪声的频率、强度及暴露时间。噪声会干扰人的休息和睡眠(图4-31),影响工作效率。噪声除对人的听力造成损伤外,还会对人体其他系统带来危害,以致影响到全身各个器官。

图4-31 噪声对人的危害

3 汽车噪声的控制

汽车噪声的控制除了加强公民的公德意识以外,更重要的是在法律和技术层面进行创新和完善。汽车噪声的控制主要有以下几个方面。

(1)改进汽车技术。常用的降噪方法有两个:一是对发动机、轮胎(图4-32)、车身和排气消声器等部件进行改进;二是对现有的汽车进行专业的吸音、隔音(图4-33)处理。

图4-32 新型汽车轮胎

图4-33 汽车隔音处理

（2）加强噪声法规建设。发达国家自20世纪60年代起制定了许多法规和标准，以控制机动车噪声。我国也于1979年开始实施《机动车辆允许噪声》，规定了机动车的最大允许噪声。

（3）采用道路降噪技术。降噪路面，也称多空隙沥青路面（图4-34），是在普通的沥青路面或水泥混凝土路面结构上铺筑一层具有很高孔隙率的沥青混合材料，此种路面除透水性强外，可降低交通噪声3~8dB。

图4-34 新型沥青路面

（4）声屏障技术。采用构筑声屏障（图4-35）的方式来降低公路交通噪声目前应用比较广泛。据测试，采用声屏障降噪效果可达10dB。

（5）种植降噪绿化林带。选择合适树种，加上一定的植株密度、种植宽度，可以达到吸纳声波，降低噪声的作用。

图4-35 隔声屏障

三 讲究汽车驾驶礼仪

驾驶汽车除了要遵守交通法规、注意安全外，还要讲究礼仪。

1 礼让其他机动车

驾驶过程中应具有平等意识，不可影响其他车辆正常行驶。不要强行超车或在路口"加塞"，不要长时间轧线、"骑线"行驶。变换车道或转弯时，应提前开启转向灯。接打电话或有事处理，应靠边停车。遇到外宾乘坐的车辆或特殊车辆如急救车、警车、救火车等经过时，均应对其礼让。对于前方车辆出现行驶异常或停车不规范现象，要设身处地予以理解，而不要意气用事。一旦与其他车辆发生事故，应与对方协商处理或听从交警的处理意见，不要与对方争吵、打架，造成拥堵。

❷ 礼让非机动车和行人

驾驶过程中对自行车、三轮车等非机动车，要尽量避免并行。对通过斑马线的行人，特别是老人、残障人士和未成年人，要减速或停车避让。在单位或居民区内、学校门口和一些特殊路段上，要按限速标志的规定行驶。下雨天通过水洼时，要放慢车速，以防止溅起的泥水弄脏他人。

❸ 有节制地鸣笛和妥善使用灯光

驾驶汽车应尽量减少喇叭造成的噪声，需要使用时可轻轻一按加以提醒。如果前方车辆因故阻挡道路，要弄清情况，耐心等待或变道行驶，不要一味鸣笛。特别是在医院、学校、居民区及单位院内，不要连续不断地鸣笛。夜间行驶要注意远光灯对迎面车辆及行人的影响。在有路灯的地方，一般不需要使用远光灯。如迎面车辆使用远光灯，可采取远近光灯变换的方式提示对方。在没有路灯的地段，可与对面车辆交错使用远光灯。

❹ 停车位置考虑周全

停放车辆要清楚前后左右的情况，不要影响其他车辆出入，也不要堵住行人和自行车的习惯通道。在有车位标线的地方，要按车位线或大家一致的方向停车。没有车位标线时，要与相邻停放的车保持恰当距离。如果实在没车位，又一定要短暂停留，可在车上留下上自己的电话号码。

❺ 清洁车辆保持环境卫生

处理车内的废弃物品，要集中放置到公共垃圾收集处，不要随处乱扔，更不要在行车中从车窗扔出去。如果自己清洗车辆，要找个合适的地方或减少用水量，避免污水横流或地面结冰，给别人带来不便。

课题五　汽车召回制度

已经投放市场的汽车，由于最初设计或制造方面的原因存在缺陷，不符合有关法规、标准，有可能导致安全及环保问题，厂家必须及时向国家有关部门报告该产品存在的问题、造成问题的原因、改善措施等，提出召回申请，经批准后对在用车辆进行改造，以消除事故隐患，这就是汽车召回（图4-36）。

图4-36　汽车召回

一　汽车召回制度简介

汽车召回制度创建于美国。1966年，美国的律师拉尔夫发起运动，呼吁国会建立汽车安全法规。最终，美国实行了《国家交通及机动车安全法》。该法律规定，汽车制造商有义务公开发表汽车召回的信息，且必须将情况通报给用户和交通管理部门，进行免费修理。召回是企业信誉和社会责任的体现（图4-37）。目前实行汽车召回制度的有美国、日本、加拿大、英国、澳大利亚等。

图4-37　召回是企业的责任

二　中国的汽车召回制度

中国2003年公布了《缺陷汽车产品召回管理规定》，并于2004年10月1日起正式实施。这是我国以缺陷汽车产品为试点首次实施召回制度。《缺陷汽车产品召回管理规定》由国家质量监督检验检疫总局、国家发展和改革委员会、商务部、海关总署联合制定发布。汽车召回流程如图4-38所示。

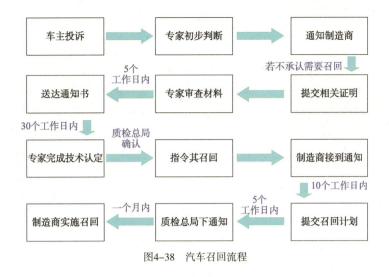

图4-38 汽车召回流程

实践活动

1.在校园内的汽车上找到VIN码,并记录,查阅资料了解它们的含义,与其他同学互相交流,探讨编码特点。

2."汽车之最大搜索"。以学习小组为单位找到各种汽车之最,如"最大的汽车"等,以展板、墙报的形式展示给全班同学。

3.针对汽车所造成的环境污染、交通拥堵等问题,分析导致这些问题的原因及你的解决办法,每人交一份书面报告。

4.登陆中国汽车质量网或其他相关网站,搜索汽车召回的相关信息,各学习小组之间互相分享。

5.到汽车实训场地参观。说说汽车的各部分结构你都认识哪些,比比看谁是"汽车专家"。

项目五　汽车外形与色彩

学习目标

完成本项目学习后，你应能：
1. 掌握汽车外形的演变过程；
2. 熟悉汽车装饰的内容；
3. 熟悉汽车的改装；
4. 熟悉汽车色彩的作用及流行色彩。

建议课时

4课时。

项目描述

汽车不仅是一种地面交通工具，也是一种现代社会的装饰品，它优美的造型和靓丽的色彩给人带来美的享受。能否满足汽车高速、安全和舒适等基本要求，是评价汽车造型美的客观标准。而汽车色彩不仅是汽车外表包装和品牌识别的标志，也包含着消费心理、文化背景、个性风格等诸多因素。

学习本项目，我们可以了解汽车外形的演变过程及各种外形的不同之处，知道汽车色彩对于汽车文化发展的作用，并熟悉现代汽车的流行色彩。学习时可以通过网络或图书资料进一步了解汽车外形的演变过程和汽车色彩的实例，参观汽车装潢店，进一步熟悉汽车装饰和汽车改装的情形，并将收获与同学们分享。

情景导入

人们常说服饰彰显个性。其实除服饰外，其他物品，比如一个人的座驾造型也与他的个性有着千丝万缕的联系。美国佛罗里达州立大学形态分析专家丹尼斯·塞莱斯正在研究汽车与性格的关系，希望研究成果有助于制造商更有针对性地设计汽车。

塞莱斯等人的研究显示，从某些方面说，汽车造型与人类性格确实有着千丝万缕的联系。正像不同人带给你不同感觉一样，汽车同样会给人带来不同感受，有些让人觉得压抑难耐，有些则使人轻松自然。以德国大众汽车公司广受欢迎的"甲壳虫"为例，塞莱斯指出，这种汽车圆圆的车灯，长长的雨刷以及带有圆弧曲线的发动机舱盖组合在一起，就像是女性或儿童的笑脸。

"站在它的面前，除了笑脸人们不会想到其他，"美联社援引塞莱斯的话报道，"这种车可爱的造型堪称经典。"

塞莱斯等人希望他们的研究能够再进一步，不但解开汽车造型与车主性格之间的关系，更能使研究成果在现实生活中得到广泛应用。

在汽车设计领域，他们希望未来的设计师可以根据其成果对汽车外形加以改进，使汽车造型与潜在顾客的性格相匹配，为不同性格的消费者提供更个性化的选择。

课题一　汽车外形与装饰

汽车的外形不是设计者凭借一时灵感就能决定的，汽车外形设计也不是一项随心所欲的工作。确定汽车外形的因素很多，主要有机械工程学、人体工程学、空气动力学。机械工程学要求汽车有良好的动力性和稳定性；人体工程学要求驾乘人员有足够的活动空间，舒适性好；空气动力学要求汽车行驶时空气阻力小。汽车外形的演变就是上述三者相互制约、相互影响、协调发展的结果。

一　汽车外形的演变

汽车诞生一百多年来，无论是从车身造型还是从动力源或底盘、电气设备来讲，都有了很大的变化，其中最富特色、最有直观感的当数车身外形的演变。汽车设计者们力求让汽车能够从外形上满足各种年龄、各种阶层，甚至各种文化背景的人的不同需求，使汽车成为科学与艺术相结合的最佳表现形象，最终达到完善的境界。

汽车的外形经历了从粗糙的"马车"到火柴盒般的箱形汽车，再到卡通般的甲壳虫汽车，还有船形、鱼形、楔形、子弹头形等。在这一变化过程中，汽车的身材越来越好看，线条越来越优美。

1　马车形汽车

1885 年，卡尔·本茨将自制的汽油机装在一辆三轮车上，成为世界上最早的汽车雏形。从 19 世纪末到 20 世纪初，世界上相继出现了一批汽车制造公司，但当时的汽车外形基本上沿用了马车的造型，致力于动力更换，没有形成自己的造型风格，被人们称为"无马的马车"，如图 5-1 所示。

图5-1 无马的马车

当时的马车形车身不过是一种箱形加上座椅，车身上部或为敞篷或为活动篷布用来避雨挡光，这样的车身难以抵挡较强烈的风雨侵袭，给乘客带来了极大的不便。因为那时汽车的发动机功率小，车速低，所以当时的汽车与其说是交通工具，不如说是贵族绅士们的娱乐工具。

2 箱形汽车

由于马车形汽车很难抵挡风雨的侵袭，1915年福特公司生产了一种新型的T型汽车，如图5-2所示。这种汽车很像一个大箱子，箱子上部装有门窗，实际上只是在原来的马车形车身上做了局部的改进，所以，人们把这类汽车称为箱形汽车。

说起箱形车身，不由让人想到我们现在乘坐的客车，如图5-3所示。现在的客车车身不论是豪华型还是普通型，也不论车身内饰和外形如何变化，供乘客使用的空间不过是一个长方体的箱形空间，也就是说，箱形车身延续至今仍然有着不可替代的生命力。

图5-2 福特T型汽车

图5-3 现代客车的箱形车身

箱形汽车重视了人体工程学，内部空间大，乘坐舒适，有活动房屋的美称。毫无疑问，人们坐在箱形汽车里，避免了风吹、日晒、雨淋，要比坐在敞篷车里舒服得多。因此，这种汽车一问世，就受到了公众的喜爱。但是，因为人们使用汽车是为了能更快地到达目的地，所以不断地发展相应的技术来提高车速，而随着车速的提高，箱形汽车空气阻力大的问题暴露了出来。

3 甲壳虫形汽车

为了减少汽车空气阻力，许多汽车厂家在探讨新的汽车外形。最佳的方案是采用流线形的车身，流线形是指空气流过不产生漩涡的理想形状，流线形应用的最高境界是飞机的机翼。但是作为汽车来说，绝对的流线形是不现实的，目前汽车的外形均是流线形的变化型。

1934年，美国克莱斯勒汽车公司的气流牌小客车首先采用流线形车身，成为流线形汽车的先锋，如图5-4所示。遗憾的是，由于该型汽车的造型超越了当时的审美观，因而在销售时遭到惨败。但该型汽车的诞生宣告了流线形时代的开始。

1936年，福特汽车公司在气流牌轿车的基础上加以精炼，并采用了迎合顾客口味的商业化设计，成功地研制出了林肯和风牌流线形小客车，如图5-5所示。此车散热器罩很精炼，颇具动感，俯视整个车身呈纺锤形，很有特色。

图5-4 气流牌小客车　　　　　　　　　　图5-5 林肯和风牌流线形小客车

流线形车身的大量生产从德国"大众"开始。1933年，德国的波尔舍博士设计了一种类似甲壳虫外形的汽车。波尔舍博士把甲壳虫的自然美如实地、天才地运用到车身造型上，甲壳虫形车身迎风阻力很小，空气动力学的原理在这种车身上得到了很好的应用，也为以后在车身外形设计上运用仿生学开创了先河。仿生学是一门模仿生物的特殊本领，利用生物的结构和功能原理来研制机械或各种新技术的科学技术。波尔舍最大限度地发挥了甲壳虫外形的长处，使其成为同类车中之王，"甲壳虫"也成为该车的代名词。目前，大众公司仍在生产以这种车身形状为主要外形的乘用车，如图5-6所示。

但是，甲壳虫形汽车也有缺点：一是乘员活动空间明显变得狭小，会产生一种被压迫感；二是横风条件下，稳定性差。横风是垂直车身方向吹来的风，很容易造成危险。在一些风口或是宽阔的地段，以及车辆出入高速公路匝道时容易遇到横风。

4 船形汽车

美国福特公司经过努力，于1949年推出具有历史意义的福特V8型汽车。这种车型改变了以往汽车造型的模式，使前翼子板和发动机舱盖，后翼子板和行李舱罩融于一体，前照灯和散热器罩也形成一个平滑的面，车室位于车的中部，整个车身造型仿佛几个长方体的几何形状拼成一个船形，所以人们把这类车称为船形汽车，如图5-7所示。

图5-6 现代甲壳虫形汽车　　　　　　　　图5-7 福特V8船形汽车

福特 V8 型汽车的成功，不仅在外形上有所突破，还首先把人体工程学应用在汽车的设计上，强调以人为主体来设计便于操纵、乘坐舒适的汽车。由于船形车身使发动机前置，从而汽车重心相对前移，而且加大了行李舱，使垂直于气流方向的平面所受到的风的压力中心位于汽车重心之后，从而避免了甲壳虫形车身对横风不稳定的问题。

船形汽车存在的问题是：由于汽车尾部过分地伸出，形成了阶梯状，高速行驶时会产生较强的空气涡流，因此影响了车速的提高。

5 鱼形汽车

为了克服船形汽车的缺陷，人们把船形车的后窗玻璃逐渐倾斜，倾斜的极限即成为斜背式。由于斜背式汽车的背部像鱼的脊背，所以这类车称为鱼形汽车，如图 5-8 所示。鱼形汽车和甲壳虫形汽车从背部来看很相似，但仔细观察可以看出，鱼形汽车的背部和地面的角度比较小，尾部较长。鱼形汽车基本上保留了船形汽车的长处，车室宽大、视野开阔、舒适性好；另外，鱼形汽车还增大了行李舱的容积。

最初的鱼形车是美国 1952 年生产的别克牌小客车，1964 年美国克莱斯勒汽车公司的顺风牌汽车和 1965 年福特汽车公司的野马牌汽车都采用了鱼形造型，如图 5-9 所示。自顺风牌问世以后，世界各国逐渐开始生产鱼形汽车。

图5-8 鱼形汽车

图5-9 1965年福特的野马牌汽车

鱼形汽车也存在缺点：其后窗玻璃倾斜度大、面积增加、强度下降，产生结构上的缺陷。由于鱼形车的造型原因，在高速时会产生一种升力，使车轮附着力减小，从而抵挡不住横风的吹袭，易发生偏离的危险。为了克服鱼形车的这一缺点，人们在鱼形车的尾部安装上一只翘起的"鸭尾"，以克服一部分升力，这就是"鱼形鸭尾"式车型，如图 5-10 所示。

6 楔形汽车

为了从根本上解决鱼形汽车的升力问题，人们设想了种种方案，最后设计出了楔形汽车，如图 5-11 所示。就是将车身整体向前下方倾斜，车身后部像刀切一样平直，这种造型能有效地克服升力。

1963 年，一个叫司蒂倍克·阿本提的第一次设计出了楔形汽车。由于该车的造型超越了时代，所以当时销路不好，公司随后就倒闭了。但该种汽车的外形却得到汽车设计专家的高度评价，对于高速汽车来讲，楔形已接近于理想的造型。现在世界各大汽车生产国都已生产出带有楔形效果的汽车。这些汽车的外形清爽利落、简洁大方，具有现代气息，给人以美的享受。

对于一般轿车而言，楔形汽车的造型是相对的，绝对的楔形汽车造型会影响车身的实用性。所以，除了一些跑车、赛车采用楔形车身外，绝大多数实用型轿车都是采用船形和楔形相结合的方案，其中德国 1982 年推出的奥迪 100 型轿车，开创了这一造型之先河，如图 5-12 所示。

图5-10 汽车尾部的"鸭尾"结构

图5-11 楔形汽车

以船形汽车为基础的楔形汽车是较为理想的造型，它较好地协调了乘坐空间、空气阻力和升力的关系，使实用性与空气动力性较好地结合起来。

7 子弹头形汽车

汽车的外形发展到楔形以后，升力的问题基本上得到了解决。但人类追求至善至美的心态是永无止境的，人们又从改变轿车的基本概念上做起了文章。于是一种新型的轿车——多用途轿车（MPV）问世了。由于这种车的造型酷似子弹头，因此，我国将其俗称为子弹头汽车，如图 5-13 所示。

图5-12 将船形与楔形相结合的奥迪100型轿车

图5-13 子弹头汽车

1984 年，克莱斯勒汽车公司推出第一代多用途汽车，道奇分部的产品叫大篷车，顺风分部的产品叫航海家，这是世界汽车工业史上划时代的产品之一，它不仅使当时处境危机的克莱斯勒汽车公司起死回生，而且宣告了一个以实用性、多用途和家庭化、休闲娱乐为特征的汽车消费新时代的到来。

多用途轿车以轿车为原型，在外形设计上集流线形和楔形的优点于一身，线条流畅，动感性强，具有鲜明的时代气息。汽车的前部采用后倾大斜面的造型，融入了流线形赛车的风格。内部空间为单厢式，接近于面包汽车，加上齐全的装备，给人以活动家庭之感。

二 未来的汽车外形

汽车外形演变的每个时期都在不断地开拓着新的造型,都在尽力满足机械工程学和人体工程学的前提下,最大限度地减小空气阻力和升力的影响,从而使汽车的性能得以提高。同时,汽车外形的演变也带动了汽车美学的发展。

未来的汽车会是怎样一幅面貌?新造型、新元素、新材质的采用以及更节能、更环保、更个性的外形将把汽车引向我们的想象之外,比如绿色环保采用光电转换技术的叶子汽车(图5-14),造型奇特、个性的鞋子汽车(图5-15),不会堵车的飞行汽车(图5-16),外形模仿动物的仿生汽车(图5-17)等。也许有一天,我们已经记不起汽车最初的模样,未来会超越我们的想象。

图5-14 叶子汽车

图5-15 鞋子汽车

图5-16 飞行汽车

图5-17 宝马仿生汽车

三 汽车装饰和汽车改装

1 汽车装饰

汽车装饰是指通过增加或者替换一些附属的物品,以提高汽车表面和内室的美观性、实用性、舒适性的行为。所增加或者替换的附属物品,叫作装饰品或者装饰件。根据汽车装饰的部位分类,可分为汽车外部装饰和汽车内室装饰,如图5-18和5-19所示。

汽车的外部装饰,主要是对汽车顶盖、车窗、车身周围及车轮等部位进行装饰。其主要内容有:汽车漆面的特种喷涂装饰、彩条及保护膜装饰、前阴风板入后翼板装饰、顶开天窗装饰、汽车风窗装饰、车身大包围装饰、车身局部装饰、车轮装饰、底盘喷塑保护装饰、底盘 LED 灯带装饰等。

图5-18　外部装饰

图5-19　内室装饰

车身室内装饰，主要是对汽车驾驶室和乘客室进行装饰，统称为内饰。其主要内容有：汽车顶棚内衬装饰、侧围内护板和门内护板的装饰、仪表板的装饰、座椅的装饰、地板的装饰、内室精品的装饰等。

❷ 汽车改装

汽车发展到今天，已经从最初的代步工具发展到文化范畴。对于许多渴望真正完美的朋友来说，不要说宝马、奔驰，即便是法拉利也有这样那样的缺憾。所以许多购车者都希望能得到一辆量身定制，能体现自己个性的车，而达到完美的方法只有改装。

汽车改装是指根据汽车车主需要，将汽车制造厂家生产的原形车进行外部造型、内部造型以及机械性能的改动，主要包括车身改装和动力改装两种，如图 5-20 所示。

图5-20　汽车改装

车身外观的改装在汽车改装中一直占有相当重要的地位。改变车身外观最迅速、最简便的方式就是加装空气动力套件。所谓空气动力套件就是俗称的大包，基本上包含了进气格栅、车侧扰流板（侧裙）、后包围以及后扰流板（尾翼）等。加装空气动力套件除了可使车辆更具观赏性，以及更具运动气息外，最重要的还是要有良好的性能改善效果。一般来说，单纯加装空气动力套件并不会使车辆跑得更快，但能够使车有更稳定的表现。

动力改装是大多数汽车改装爱好者的第一要求。针对动力的提升，可以分为发动机本体的改装、发动机周边设备的改装、行车电脑（ECU）和电控设备的改装等方面。发动机周边设备的改造是动力提升的基础，也是相对简单和比较容易达成的，这其中又包括了进气系统、点火系统、供油系统和排气系统四个主要环节。

课题二　汽车色彩

色彩是人们所探索的亘古不变的主题，总是有无穷的魅力吸引我们。大街小巷里的汽车从单一色向多元色扩散开来，在一片姹紫嫣红中逐渐失去它的钢铁意志。汽车在色彩的演绎下，呈现出千姿百态、迥然不同的韵味。

一、色彩的属性

色彩是通过眼、脑和我们的生活经验所产生的一种对光的视觉效应。1666年，英国物理学家牛顿第一次用棱镜将太阳光析解为红、橙、黄、绿、青、蓝、紫，揭开了色彩的奥秘。

1. 色彩的自然属性

色彩的自然属性有色相、明度、纯度。色相即色彩的种类；明度即色彩的明暗程度；纯度就是指色彩的纯净度或称饱和度。

色彩不是单一的，而是几种色彩同时存在，这就需要对之进行调配，使之达到和谐之美。

2. 色彩的社会属性

色彩不仅可以表达情感，而且还具有一定的象征意义。

色彩具有冷暖感觉，例如：红色有暖感，青色有冷感。

色彩具有胀缩感觉，黑色等深色具有收缩感，白色等浅色具有膨胀感。

色彩具有轻重感觉和软硬感，明度高的色彩给人的感觉轻，明度低的色彩给人的感觉重；感觉轻的软，感觉重的硬。

色彩具有华丽和质朴感，鲜明的明色具有华丽感，浑浊的暗色具有质朴感。

色彩具有兴奋和沉静感，暖色系中明快而鲜明的色彩，能够引起兴奋感；冷色系中暗淡而浑浊的色彩，能够产生沉静感。

色彩具有明快阴郁感，给人以明快感的是明快鲜明的色彩，给人以阴郁感的是暗淡浑浊的色彩。

二、汽车的使用功能与色彩

汽车在使用过程中，已形成一些惯用色彩。消防车采用红色（图5-21），使人们知道有火灾发生，赶紧避让。救护车（图5-22）是采用了纯洁、神圣的白色。邮政车（图5-23）选择绿色给人以和平、安全的感觉。作为军用车（图5-24）一般都采用迷彩色，使车辆与草木、地面颜色相近，达到隐蔽、安全的目的。

图5-21 红色的消防车

图5-22 白色的救护车

图5-23 绿色的邮政车

图5-24 迷彩色的军用车

不同的颜色传达出的视觉感受，与不同功能的汽车联系在一起，在实际中发挥着不同作用。例如，工程车辆多采用黄黑相间的色彩（图5-25），是运用黄色亮度高、醒目的特点，以引起行人和其他车辆注意。校车底色同样采用醒目的黄色（图5-26），目的是提醒其他车辆避让，最大限度地保障行驶环境的安全。除依据汽车的功能选择车身颜色外，人们还采用一些特殊的图案作为不同功能汽车的标志，例如救护车上有"红十字"标志，冷藏车上有雪花、企鹅图案等，如图5-27所示。

图5-25 工程车

图5-26 校车

图5-27 冷藏车

汽车文化

三 汽车的使用环境与色彩

由于不同地区日光照射强度有差别，造成了人们对不同色彩的偏爱。在美国，东部的人们喜欢淡色，西部的人们喜欢鲜明色。阿拉伯和非洲等沙漠国家的人们更喜欢绿色，因为绿洲是生活在黄色沙漠人们的宝地，绿色是生命之源。拉丁美洲国家大多偏爱暖色调，在他们的客车上喜欢涂饰艳丽夺目的各式图案，或是临摹圣婴像，或是涂绘田园风景、花鸟等。东南亚的泰国等国家则对缤纷绚丽的色彩情有独钟。

汽车行驶在城市中，对城市的色彩有装饰作用。但是当汽车色彩与环境色彩发生碰撞时，会使原本喧闹的环境更加嘈杂混乱，使视觉感极易疲劳。而当汽车的色彩与环境色彩协调时，人就会感觉到舒适，不易产生视觉疲劳。

四 汽车的使用对象与色彩

由于各国、各民族、各地区的社会政治、经济、文化教育以及生活习惯的不同，人们的色彩观念也有所不同。

一般来说，美国人喜欢白色和红色，英国人喜欢红色、紫色以及与此相关的枣红色和咖啡色等，德国人喜欢黑色和蓝色，意大利人喜欢红色和黄色，日本人喜欢白色，中国人喜欢黑色和红色。但近年来，国内汽车的色彩开始变得明快起来，丰富起来。

就车主个性而言，人们在年龄、性别、性格以及文化程度和社会地位等方面的差异，都能影响他们对汽车色彩的选择。比如男性消费者所倾向的颜色多集中在体现沉稳的暗色系，如黑色、灰色、银色等，如图5-28所示。女性消费者所倾向的颜色多集中在体现时尚的亮色系，如红色、黄色、蓝色等，如图5-29所示。

图5-28　男性倾向暗色系

图5-29　女性倾向亮色系

五 汽车的安全行驶与色彩

汽车的安全行驶与汽车色彩有着密切的关系。有些颜色在汽车遭遇紧急危险时，能起到加剧肇事的副作用。相反，还有一些颜色却能够从某种程度上减弱或者遏制车祸的发生。

撞车等交通事故的发生与汽车颜色有着密切的联系，深色以及容易与道路环境相混合的黑、金、绿、蓝等颜色的汽车，发生交通事故的概率远高于明亮的嫩黄、米色、奶色和白色汽车，如图5-30所示。

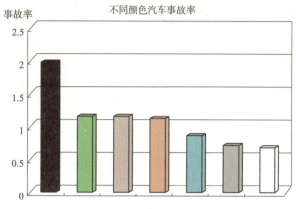

图5-30　不同颜色汽车的事故率

色彩的视认性是指在一定背景中的色彩，在多长距离范围内能够看清楚的程度，以及在多长时间内能够被辨别的程度。从安全角度考虑，轿车以视认性好的颜色为佳。有些视认性不太好的颜色，如果进行合理的搭配，也可提高其视认性。如蓝色和白色相配，效果就大为改善。

汽车内饰的颜色选择也同样影响着行车安全。因为，不同的颜色对驾驶人的情绪具有一定的影响。内饰采用明快的配色，能给人以宽敞、舒适的感觉。有专家建议，夏天最好采用冷色内饰（图5-31），冬天最好采用暖色内饰（图5-32），这样可以调节冷暖感觉。也就是说，恰当地使用色彩装饰可以在一定程度上减轻驾驶疲劳，减少交通事故的发生。

图5-31　冷色内饰

图5-32　暖色内饰

六　汽车的流行色彩

流行色彩是指在一定的时期内被人们广泛采用的颜色。汽车的"流行色"与服装的"流行色"一样，具有时间性、区域性和层次性，当然还可以上升到文化的高度。汽车流行色彩有其自身的发展规律，新鲜感是流行色彩的原动力。

大量的资料表明，汽车的流行色彩也会呈现周期性的变化，其新鲜感周期大约为 1.5 年，交替周期大约为 3.5 年。随着社会的发展，流行色彩和常用颜色将互相依存、转化。

如今，汽车色彩的名称起得越来越悦耳，也很有文化的底蕴，如宝石蓝、富贵黄、皓白、蔷薇红、反射银、元黑等。这些有时会让人不知所措的颜色名称，其实是汽车色彩营销的一种策略，它们给人的感觉是听起来显得够档次。

随着汽车逐渐成为大众时尚产品，消费者不仅会看重汽车的功能和性能，更会在意汽车的色彩。颜色作为消费者选择、购买汽车的因素之一，正日益凸显其重要性。

实践活动

1.与同学交流自己知道的、书中没提到的汽车外形的实例，并能描述其外形特点。

2.调查本地区汽车改装市场，熟悉汽车改装的内容，并了解目前汽车改装市场存在的问题。

3.与同学交流自己知道的汽车色彩的名称。

4.与学习小组内的同学共同选择一种或几种颜色，每人构思一个色彩名称，并解释它给人的感觉或其营销效果。

5.假如你是一名汽车销售人员，以自己熟悉的一款车为例，分别从外形和色彩两个方面对车辆进行模拟销售。

项目六 汽车运动

学习目标

完成本项目学习后，你应能：
1. 熟悉汽车运动的起源，了解汽车运动的种类；
2. 熟悉有代表性的汽车运动著名赛事、冠军车手、赛车和车队；
3. 了解汽车俱乐部和世界著名车展的情况。

建议课时

4课时。

项目描述

汽车运动是赛车手按照比赛规则，驾驶汽车在规定道路上进行的展示汽车性能和驾驶技术的一种体育竞赛。汽车运动是赛车手和赛车交融的体育竞技，极具挑战性和观赏性，它是人类挑战自我、挑战极限的精神和汽车科技发展的集中体现。

学习本项目，我们可以通过汽车运动来了解各式各样的汽车赛事，感受人们对汽车运动的热情。学习时可以通过网络或图书资料进一步了解一些著名赛事、冠军车手、赛车和车队的详细情况，并将自己的收获与学生们进行交流。

情景导入

世界一级方程式锦标赛（简称F1）从1950年在英国举办以来，至今已过去半个多世纪。60多年来，F1共举行了1000多场比赛，只有几十位车手曾经享有世界冠军的无上荣耀。而德国车手迈克尔·舒马赫以优异的技巧、过人的胆识与反应，不断挑战地表速度的极限。16年间，舒马赫破纪录地七次荣获一级方程式车手总冠军，其中有两次是代表贝纳通车队，另外五次代表法拉利车队，打破了已故阿根廷赛车手胡安·曼努埃尔·范吉奥创下的五次车手总冠军的纪录，成为生死时速中的天之骄子。

汽车文化

课题一　汽车运动的起源

19世纪80年代，欧洲大陆出现了最早的汽车，汽车运动也随着汽车工业的发展而兴起。从第一辆汽车生产出来到第一次汽车比赛的举行只不过10多年的时间。起初，汽车比赛的目的只是汽车生产厂家为了检查车辆的性能，宣传使用汽车的安全性和可靠性，因此汽车生产厂家积极资助汽车比赛，从而推销自己的产品。今天，各式各样的汽车比赛被统称为现代汽车运动，它是世界范围内一项影响较大的体育运动。多姿多彩的汽车运动使汽车这一冷冰冰的钢铁机器充满了柔情蜜意，同时，汽车运动的激烈、惊险、浪漫、刺激，不仅使成千上万的观众为之痴迷，而且还促进了汽车技术日新月异的发展。

一、早期的汽车赛事

世界上最早的车赛是在1887年由法国的《汽车》杂志社主办的，不过参赛的只有一个人，名叫乔尔基·布顿，他驾驶四人座的蒸汽汽车从巴黎塞纳河畔跑到了努伊伊。1888年，法国《汽车》杂志社又一次主办汽车比赛，赛程是努伊伊到贝尔赛，全长20km，这次有两人参加比赛，乔尔基·布顿获得冠军。

真正意义上的第一次汽车比赛是1894年在法国举行的，线路由巴黎到里昂，全程126km。这场赛事在汽车工业发展史上有着特殊的意义，这是人类第一次脱离开牲畜的力量而依靠机械动力进行比赛。当时汽车还处于发明和不断更新的阶段，在很大程度上还只是供发明家本人和少数人乘坐、游览或者作为运动的工具。这次比赛后，产生了大批的汽车技术爱好者，他们在积极参与汽车运动的同时，也带动了汽车产业高速发展。随后，英国、美国、德国等也相继开始举行汽车比赛，并逐渐生产出了早期的赛车。

世界上最早使用汽油发动机汽车进行的长距离汽车公路赛，是在1895年6月由法国汽车俱乐部和《鲁·普奇·杰鲁纳尔》报联合举办的，路程为从巴黎到波尔多往返，全程长达1178km，如图6-1所示。

二、赛车在法国

虽然德国人发明了汽车，英国是当时的工业强国，但那时这两个国家对汽车运动却不感兴趣，甚至在国内禁止比赛。而法国人不但重视汽车工业，还重视汽车运动，因此赛车在法国得以兴起，法国被称为汽车运动的摇篮。

1900年6月，在法国巴黎举行的汽车比赛是世界上最早的国际汽车锦标赛。1904

年6月，法国、英国、德国、比利时等欧洲国家发起成立国际汽车联合会，总部设在法国巴黎。该组织以推动汽车工业发展为宗旨，并负责全球汽车俱乐部和各种汽车协会的活动。

图6-1 最早的汽车公路赛

1906年6月，法国《汽车》杂志社在法国勒芒市主办了第一次真正意义上的场地世界汽车大奖赛。比赛分两天完成，沿勒芒的三角形路线，每天跑6圈，全程1248km。有13个国家的32辆汽车参赛，匈牙利车手获得冠军。勒芒小城从此以汽车赛事闻名世界，汽车比赛也开始进入世界体育赛事。

三 中国最早的汽车拉力赛

1907年的北京—巴黎汽车赛，是中国最早的汽车拉力赛。参赛的有5辆车，汽车用轮船运到天津，再用火车运到北京。参赛者从北京驾驶车辆出发向巴黎行驶，法国人在途中迷路，退出比赛，意大利人鲍基斯途经乌兰巴托、伊尔库兹科、乌拉尔山口、莫斯科、华沙、柏林，最终到达巴黎，获得比赛的第一名。

四 国际汽车运动联合会

国际汽车运动联合会简称"国际汽联"或"FIA"，1904年成立，总部现设在法国巴黎，2009年移至瑞士苏黎世，其标志如图6-2所示。

国际汽联每年根据各国的申请，在世界上约80个国家和地区安排包括世界锦标赛、世界杯赛、世界大奖赛和地区赛在内的近800场各类国际汽车比赛。

五 中国汽车运动联合会

中国汽车运动联合会，简称中国汽联，英文缩写为FASC，其标志如图6-3所示。该组织为全国性体育社团，是中华全国体育总会团体会员。其前身为中国摩托运动协会，1975年成立于北京，1983年加入国际汽车联合会。1993年5月，汽车运动项目从中国摩托运动协会的职能中分离出来，归属新组建的"中国汽车运动联合会"。中国汽联最高权力机构是全国理事会，理事会设主席、副主席、秘书长、副秘书长若干人。日常工作在秘书长领导下，由下设的办公室、外事联络部、运动竞赛部和教练员委员会、裁判员委员会等办事机构进行。

图6-2 国际汽车运动联合会的标志　　　　图6-3 中国汽车运动联合会的标志

中国汽车运动联合会为中国境内管辖汽车运动唯一的全国性组织，主要任务是负责全国汽车运动的业务管理，组办国内外汽车比赛和体育探险活动，指导群众性活动，培训运动员、教练员和裁判员，参加国际交往和技术交流。

课题二　汽车运动的种类

一　汽车运动分类

汽车运动按照不同的分类方法有不同的种类。究竟有多少类别的汽车比赛，目前没有较确切的统计数字和分类。

1　按照车型分类

按照车型的不同，可分为轿车、越野车、皮卡、卡车、老爷车等原厂车型的赛事，还有特制车辆的赛事。

2　按照比赛场地和路面分类

按照比赛场地和路面的不同，可分为赛车场内的场地赛，封闭某段街区公路的街道赛，山区柏油路面和沙石路、雪地、沙漠等地段的拉力赛，泥地、山地、丛林等地段的越野赛等。

3 按照比赛的方式分类

按照比赛的方式，又可分为在同一赛车场内行驶相同圈数（即里程相同），比较用时多少的计时赛，还有在同一赛车场内同一时间里比较行驶里程长短的耐力赛。

4 按照道路状况比赛分类

按照比赛的道路状况，有在较短的直道上比试加速性能的直线冲刺赛，有从山下出发，看谁最快到达山顶的爬山赛。

5 按照路线长短比赛分类

按照比赛的路线长短，有路线长达几千甚至几万千米，贯穿多个国家和地区的单项马拉松拉力赛；还有出发和宿营地点相同而每天行驶的方向不同，全年有数个分站比赛的拉力锦标赛等。

二 主要的赛车运动

随着汽车运动的发展，赛车运动的种类越来越多，主要有方程式汽车锦标赛、勒芒24小时汽车耐力锦标赛、世界房车锦标赛、汽车拉力赛和卡丁车赛等。

1 方程式汽车锦标赛

1950年，国际汽车运动联合会(FIAS)出于安全和汽车技术发展的需要，颁布了赛车规格和车赛规则，从此有了"方程式"比赛的概念。

（1）方程式汽车锦标赛的级别。方程式汽车锦标赛有F1、F3、F3000等级别。近年来，国际汽车运动联合会规定：F1赛车发动机为四冲程往复活塞式，汽缸数为10缸，发动机排量不得大于3000mL，每汽缸气门数不得超过5个，不得采用增压装置等。如图6-4所示为法拉利F2003GA一级方程式赛车。

图6-4 法拉利F2003GA一级方程式赛车

F1就是一级方程式大赛，F是英文Formula（方程式）的第一个字母。由全世界的各支车队参加，所用的赛车也是由车队研发制造，F1是世界上最昂贵、速度最快、科技含量最高的运动。

F3就是三级方程式汽车赛，赛车采用四汽缸2000mL发动机，输出约300马力（1马力=735瓦特），科技含量比F1低很多，F1的大多数车手都是从F3里选拔上来的。

F3000是3.0L方程式汽车赛，设有国际大奖赛等比赛。使用的赛车是四轮外露的单座位纯跑道用方程式赛车，装备8汽缸、工作总容积为3L的自然吸气式汽油发动机，输出功率约475马力。

（2）方程式汽车锦标赛车队的组成。方程式汽车锦标赛车队由赛车、车手和工作人员组成。比赛要求：每年参赛的赛车都是改进的新车；车手必须持有国际汽车运动联合会签发的《世界超级汽车驾驶员驾驶执照》。F1汽车锦标赛车手除了拥有优异的驾驶技巧和强健的体魄外,还需要具有与外界的交往能力。

据国际汽车联合会规定,全世界每年有资格驾驶F1赛车的车手不能超过100名。因此,为了跻身F1赛场,每名车手必须过五关斩六将,先是小型车赛,然后是三级方程式,接着是二级方程式;这一切都通过了,才能获得"超级驾驶执照",成为F1车手。

(3) F1著名车队。F1历史上的著名车队有:法拉利车队、麦克拉伦车队、威廉姆斯车队、阿尔法·罗密欧车队、马塞拉里车队、兰希亚车队、梅塞德斯—奔驰车队、库珀车队、莲花车队、布拉伯汉姆车队、马查车队、特利尔车队、贝纳通车队、雷诺车队、乔丹车队。

F1当代著名的车队有:法拉利车队、贝纳通车队、麦克拉伦车队、乔丹车队、威廉姆斯车队、米纳尔迪车队、索伯车队、英美—本田车队、飞箭车队等。

(4) 首届世界一级方程式汽车大赛。1950年5月13日,在英国的银石赛车场举行了首届世界一级方程式汽车大赛。当时只有7场比赛,后来场次逐渐增加。1996年规定最多为17场,现在一般为16场,2006年为18场。所有比赛均由国际汽车联合会安排,赛场遍布全球。

(5) F1赛车。F1赛车如图6-5所示,主要出自德国波尔舍公司和宝马公司、意大利法拉利公司、美国福特公司和日本丰田公司等几家大公司。

图6-5 F1的赛车

发动机是F1赛车取胜的关键因素。一辆赛车发动机大约由6000个零件组成,造价13多万美元,而且每一场比赛用过之后就必须更换。

轮胎也是赛车的关键技术。为了充分发挥发动机的动力,轮胎需要制作得相当宽大(前轮约为290mm,后轮约为380mm),用以增加与地面的接触面积。根据天气的不同,赛车选用不同的轮胎。在无雨时选用干地轮胎,这种轮胎表面光滑,无任何花纹,以利于与地面良好贴合;在湿滑条件下则要选用湿地轮胎,这种轮胎具有明显的花纹,以利于排出轮胎与地面之间的积水,保持必要的附着力,如图6-6所示。比赛中的高速行驶及频繁的强力转向和紧急制动使轮胎磨损极快,经常需要在中途更换轮胎。赛车轮胎只有一个紧固螺栓,便于迅速拆装。

(6) F1大赛规则简介。近年来,随着赛车运动的风靡,申请主办F1大赛的国家越来越多。FIA规定F1大赛的规则为:专用赛道均为环形,每圈长度为3~8km,每场比赛距离为300~320km;赛场不允许有过多过长的直道,目的在于限制高速,以免发生危险。

每场比赛均分为计时排位赛和决赛两个过程。排位赛在决赛前两天进行,计算每辆赛车60min内最快的一圈所用的时间,用时最少的车在决赛中将排在赛道前面,其他依次类推。赛车在赛道上的排位相当重要,排在前面的将有抢先拐第一个弯的优势。决赛当天,车手先进行23圈的自由练习,用以检查赛车各部分的工作情况。赛前1min,发动机开始起动,绿旗一挥赛车便起步,进行最后一圈热身,且中途不准超车,也不准更换赛车。一圈跑完后仍按原顺序排好,几秒钟后,绿灯一亮,决赛正式开始。图6-7为工人正在维护赛车。

图6-6　F1赛车轮胎

图6-7　工人正在维护赛车

❷ F1汽车锦标赛赛况

多年来的F1汽车锦标赛赛场上,明星车手不断涌现,优秀车队层出不穷,F1新车争相亮相,彰显性能(表6-1、表6-2)。

2004~2013年F1汽车竞标赛年度总冠军车手　　　　　　　　　表6-1

届　　次	车　　手	国　　籍
2013	塞巴斯蒂安·维特尔(Sebastian Vettel)	德国
2012	塞巴斯蒂安·维特尔(Sebastian Vettel)	德国
2011	塞巴斯蒂安·维特尔(Sebastian Vettel)	德国
2010	塞巴斯蒂安·维特尔(Sebastian Vettel)	德国
2009	巴顿(Jenson Button)	英国
2008	汉密尔顿(Lewis Hamilton)	英国
2007	莱科宁(Kimi Raikkonen)	芬兰
2006	阿隆索(Fernando Alonso)	西班牙
2005	阿隆索(Fernando Alonso)	西班牙
2004	舒马赫(Michael Schumacher)	德国

多次冠军获得者 表6-2

次 数	姓 名
7	舒马赫
5	方吉奥
4	普罗斯特、维特尔
3	布拉汉姆、斯图尔特、劳达、皮奎特、塞纳
2	阿斯卡里、格拉汉姆—希尔、克拉克、费迪帕尔蒂、哈基宁、阿隆索

（1）舒马赫（图6-8）。麦克尔·舒马赫，1969年1月3日出生于德国克尔班，他是世界上最伟大的赛车手之一，是一位名字可以与F1赛车画等号的赛车手，被称为"F1之王"。到2012年他已获得F1汽车锦标赛7次年度总冠军，独占F1汽车锦标赛冠军榜首席。舒马赫几乎打破了F1所有的记录，他的F1大奖赛累计积分1441分，是F1历史上唯一一位积分超过1000分的车手。

2013年12月29日，舒马赫在法国阿尔卑斯山区滑雪时发生事故，头部撞到岩石，严重受创陷入昏迷。

（2）方吉奥（图6-9）。胡安·曼纽·方吉奥（1911—1995年），是一位阿根廷赛车手，他曾统治了F1运动的第一个10年。他赢得了5届F1世界冠军，这项纪录一直保持了46年，到舒马赫在2003年第六次夺冠才打破了这项纪录。他曾在4支车队赢得冠军，这依然是一项恐怖的纪录。因为这些无与伦比的成就，他被很多人认为是"历史上最伟大的赛车手之一"。

（3）维特尔（图6-10）。塞巴斯蒂安·维特尔是德国一级方程式赛车手，2010年11月，维特尔在阿布扎比夺冠，成为最年轻的世界冠军。2013年F1收官站巴西大奖赛在英特拉格斯赛道落幕，维特尔夺得冠军。至此，维特尔完成了最年轻大满贯，其中包括：最年轻试车手、最年轻参赛车手、最年轻完赛车手、最年轻得积分车手、最年轻受罚车手、最年轻比赛领先者、最年轻最快圈速创造者、最年轻杆位得主、最年轻分站赛冠军、最年轻年度世界冠军。

  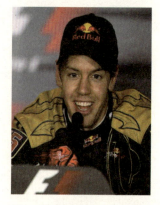

图6-8 麦克尔·舒马赫　　图6-9 胡安·曼纽·方吉奥　　图6-10 塞巴斯蒂安·维特尔

（4）马青骅（图6-11）。马青骅1987年12月出生于上海，8岁起开始练习赛车，12岁时获得全国卡丁车青少年组的冠军。从那以后，通过参加无数的亚洲和国内小型车比赛并取得优异成绩,马青骅得到了完备的训练。

2013年4月,F1中国大奖赛在上海拉开战幕。中国车手马青骅代表卡特汉姆车队参加练习赛,他成为首位在国内驾驶F1赛车参加周末比赛的中国车手,这也是马青骅首次在自己的家乡驾驶F1赛车参加比赛。

图6-11　马青骅

③ 勒芒24小时世界汽车耐力锦标赛

勒芒位于法国巴黎西南约200km处,是一个人口约20万的商业城市。这个小城市能够闻名于世界,主要是因为自1923年开始(1936年、1940~1948年除外),每年6月举行的被称为最辛苦、最乏味的单项赛事——"勒芒24小时耐力赛"(图6-12)。赛道是将当地的高速公路和街区公路封闭成一个环行路线,单圈长13.5km,沥青和水泥路面。比赛一般从第一天的下午16:00开始,一直持续到次日的下午16:00,历时24小时。许多车厂都将勒芒看作是新车测试性能和耐力的地方。测试结果良好还可以把它投入到更高级别的赛车中去。耐力锦标赛行驶距离最长者获胜,一般超过5000km。这样长距离的耐力赛,无论对汽车和对驾驶员都是极其严峻的考验。

④ 世界房车锦标赛

世界房车锦标赛是在欧洲房车锦标赛基础上发展起来的全新赛事,如图6-13所示。2005年国际汽车联盟正式定名为世界房车锦标赛。作为全球房车系列赛事,世界房车锦标赛虽然很年轻,但是其浓厚的房车赛文化、缜密的赛事组织、激扬的车迷人气和成熟的商业运作模式等,都已经达到了赛车运动的巅峰。该项赛事一经推出,便吸引了宝马、阿尔法—罗密欧、雪佛兰、菲亚特、本田等主要制造厂商的参加,同时也将赛车场地赛提升到一个新的高度。在赛车赛事日益普及、赛车文化日渐升温的今天,世界房车锦标赛在赛车界掀起了新的关注热点。

图6-12　勒芒24小时耐力赛

图6-13　WTCC世界房车锦标赛

⑤ 汽车拉力赛

汽车拉力赛的"拉力"来自英语Rally,是集合的意思。拉力赛是将参赛的汽车集合在一起进行比赛,汽车所经过的路段既有良好的道路,也有严寒的雪地、泥泞的荒野、炎热的沙漠、潮湿的雨林和沼泽。拉力赛是一种道路条件和行驶环境恶劣的长距离高速度汽车比赛,如图 6-14 所示。

首次正式的汽车拉力赛于 1900 年在英国举行,全程长 1600 余 km。路程最长的是 1977 年举行的从英国伦敦到澳大利亚悉尼的拉力赛,全程长 31100 多 km,共用时间 46 天。目前世界著名的汽车拉力赛有欧洲的蒙特卡洛拉力赛和东非萨法里拉力赛,如图 6-15、图 6-16 所示。

图6-14　沙漠汽车拉力赛

图6-15　蒙特卡洛拉力赛

巴黎—达喀尔汽车拉力赛的起源是一次事故,1977 年,法国人沙宾因参加"阿必尚尼斯拉力赛",在利比亚的沙漠中迷失了方向,但是他却奇迹般地克服了沙漠的恶劣环境活了下来。回到法国后,他决心和世人一同分享这段奇妙的经历,于是在 1978 年创办了"巴黎—达喀尔拉力赛"。从此,这项从南欧贯穿北非、西非,途经 10 个国家,行程 13000 多 km 的赛事,吸引着越来越多富有冒险心和勇敢的人们去一探非洲茫茫沙漠里的奇妙景象。图 6-17 为达喀尔汽车拉力赛徽章。

图6-16　东非萨法里拉力赛

图6-17　达喀尔汽车拉力赛徽章

6 卡丁车运动

卡丁车运动开始于 1940 年,但直到 20 世纪 50 年代才开始普及。卡丁车赛(图 6-18)使用的赛车是轻钢管结构车身,无车体外壳,是四轮单座位微型赛车。卡丁车赛是一种场地比赛,赛车在曲折的环形路上进行速度比赛。著名赛车手麦克尔·舒马赫、阿兰·普罗斯特和艾尔顿·塞纳等的赛车生涯,都是从卡丁车赛开始的。

7 汽车越野赛

汽车越野赛是汽车道路比赛项目之一,是在一个国家的公路和自然道路上举行的允许对该国进行考察的汽车比赛。总长度超过10000km,经过几个国家的领土或跨洲的比赛称马拉松越野赛。除国际汽联特别批准外,越野赛的赛程不得超过15天,比赛必须在白天进行,采用单车发车方式。比赛每经过10个阶段后至少休息18小时。每阶段的行驶距离自定,但每个赛段的最大长度,越野赛规定不超过350km,马拉松越野赛规定不超过800km。赛车必须使用在国际汽联注册的全轮驱动汽车参赛。

1996年国际汽联首次对越野赛实行世界杯赛制,其中较著名的比赛有巴黎至达喀尔越野赛(图6-19)、突尼斯国际汽车赛、巴黎—莫斯科—北京马拉松汽车越野赛、阿拉伯联合酋长国沙漠挑战赛等。

图6-18 卡丁车赛

图6-19 达喀尔越野赛中的长城哈弗SUV

8 太阳能汽车赛

太阳能汽车赛(图6-20)是近年来兴起的一种新型汽车运动,旨在推动太阳能汽车的研制。参加太阳能汽车赛的队伍范围很广,包括汽车制造厂、电力公司、电气制造商、大学及俱乐部等。世界太阳能挑战赛创始人是丹麦人汉·托伊斯特勒普,1987年首届冠军为通用公司的SUNRAYCER。

图6-20 太阳能汽车赛比赛场景

9 老爷车大赛

老爷车(图6-21)是一种怀旧的产物,是人们过去曾经使用的,现在仍可以工作的汽车。这一概念始于1973年,出现在英国的一本《名人与老爷车》杂志上。它的直译应该是"经典的古老汽车",但由于"老爷车"这个词强烈的拟人色彩,因此很快得到老爷车爱好者的认同并迅速蔓延,成为世界各地爱好者对老式汽车的统一称谓。

意大利的"1000英里老爷车大赛"(图6-22),在世界老爷车赛事中享有极高的地位,自然而然地演变成了各大汽车厂商互相较劲的一个战场。此项赛事创办于1977年,每年一届。比赛中,选手们在环游意大利北部重镇布雷西亚之后,穿越德森萨诺等九座城镇,并途经圣马力诺共和国,抵达"永恒之城"罗马。之后,选手们将面临更为艰巨的考验——在一天之内完成从罗马到布雷西亚长达800km的赛程。

图6-21 个性十足的老爷车

图6-22 1000英里老爷车大赛

除了"1000英里老爷车大赛"外,具有国际影响力的老爷车赛事还有北京—巴黎老爷车拉力赛、路易威登老爷车中国之旅(图6-23)、环游地球80天老爷车全球行拉力赛、老爷车环球拉力赛和伦敦—布莱顿老爷车比赛等。

10 中国汽车拉力锦标赛

中国汽车拉力锦标赛(图6-24)是由中国汽车运动联合会及举办地人民政府联合主办的全国性汽车拉力赛事。比赛在规定日期内分若干阶段进行,每阶段内设置由行驶路段连接的数个测试速度的赛段交替进行,每个赛段的长度不超过30km。比赛采用单个发车方法,每个车组由1名驾驶员和1名副驾驶员组成。以每个车组完成全部特殊路段比赛的时间和在行驶路段所受处罚时间累计计算最终成绩,时间短者名次列前。比赛对行驶路段的行驶时间有严格限制,车组必须按规定的时间依次到每个时间控制点报到,迟到或早到都会受到处罚。

图6-23 路易威登老爷车中国之旅

图6-24 中国汽车拉力赛比赛现场

中国汽车拉力锦标赛从1985年进入中国举办分站赛,到1997年,中国汽车运动联合会开始自主举办国际和国内系列汽车赛事。此后,中国的汽车运动快速发展。在全国范围内逐步形成了隶属于中汽联的20多个省级汽车运动协会和近50个地方汽车运动协会,并产生了近百个汽车运动俱乐部、车队等参赛组织。自2003年8月中汽联推出首届全国汽车场地锦标赛以来,参赛车队、赛事规模逐年扩大。首届有 6 站比赛,参赛车辆 88 辆。2004 年举行第二届,有 9 站比赛,共有来自全国的 24 支车队、23 家厂牌的越野车参赛。2010 年扩大到 11 站,每站比赛报名车辆都超过 100 辆。参赛门槛低,赛事争斗激烈、观赏性强应是它持续火爆的一个重要原因。2011 年更是吸引了来自全国 20 个省市的 21 支车队 80 辆赛车 83 名车手进行角逐。同时,举办全国汽车场地越野锦标赛的城市中从最初的内蒙古、北京、广东、郑州,发展到了山东临沂、黑龙江鸡西、山东青岛、辽宁大连、甘肃嘉峪关、福建厦门等。许多城市都对举办汽车场地越野赛表现出了浓厚的兴趣,其中有一些是著名的旅游城市。随着全国汽车场地越野锦标赛在这些城市的举办,汽车越野运动在全国范围内得到进一步的发展。

课题三 汽车时尚

一、汽车俱乐部

1. 美国汽车协会（简称 AAA）

该俱乐部是世界上最大的汽车俱乐部,它是仅次于罗马天主教会的世界第二大会员组织,也是世界上最大的"美国快速旅行支票"的销售者。AAA 在全美范围内向人数庞大的会员提供出行、金融、保险、救援（图 6-25）等方面的服务。

图6-25　汽车救援

2. 德国汽车俱乐部（德语缩写 ADAC）

其全称是"全德汽车俱乐部"（图 6-26）。ADAC 在德国各地共设有 18 个地区性汽车俱乐部,会员数量超过 1500 万,规模仅次于美国汽车俱乐部。由该俱乐部发行的

《ADAC—发动机世界》杂志（图6-27），是德国发行量最大的刊物。

3 澳大利亚汽车俱乐部

澳大利亚有7个国营的汽车俱乐部，其中最大的汽车俱乐部是澳大利亚汽车俱乐部，创建于1905年，目前已发展会员近700万人。俱乐部除为会员提供道路紧急救援服务外，还设立"新车碰撞试验"（图6-28），该试验是站在驾驶人的立场上关注汽车安全性，试验结果公开在网站上，任何人都可以查阅。

图6-26　俱乐部标志

图6-27　《发动机世界》杂志

图6-28　汽车碰撞试验

4 中国汽车俱乐部

我国汽车俱乐部始于1995年建立的北京大陆汽车救援中心，即现在的北京恩保大陆汽车俱乐部。近年来，在北京、上海等一些大城市，也出现了一些比较有实力的汽车俱乐部（图6-29），其功能由过去单一的救援、娱乐服务，变为为会员提供全方位的汽车服务，如组织会员自驾游、办理车险、代办车务等，为驾车人提供便利与保障。

图6-29　大陆汽车俱乐部

二 世界著名车展

汽车展览是各大汽车公司发布新车型及概念车，展示新产品、新技术和企业实力的舞台，让人们感受到世界汽车工业跳动的脉搏。在流光溢彩的展会背后，蕴含着丰富的汽车文化。

1 法兰克福车展

德国法兰克福车展每两年举办一次，为期两周左右，一般在9月中旬。法兰克福车展是世界规模最大的车展，有"汽车奥运会"之称。参展的商家主要来自欧洲、美国和日本，尤其以欧洲汽车厂商居多。图6-30为多次举办法兰克福车展的法兰克福展览中心。

❷ 北美国际车展

该车展创始于1907年，最早叫作"底特律车展"，是世界上历史最长、规模最大的汽车展之一。1989年更名为"北美国际汽车展"，每年的1月固定在底特律的寇博中心（图6-31）举办。由于在年初举办，被誉为"全球汽车风向标"。

图6-30　法兰克福展览中心

图6-31　底特律寇博展览中心

❸ 日内瓦车展

日内瓦车展创始于1924年，是欧洲唯一每年底举办的大型车展，在位于日内瓦机场附近的巴莱斯堡国际展览中心举行，每年3月份举行，是各大汽车商首次推出新产品的主要展出平台。日内瓦车展不仅档次高、水准高、新车云集，也是世界五大车展中最热闹的，被誉为"国际汽车潮流风向标"。

❹ 巴黎国际车展

作为浪漫之都的巴黎，其车展如同时装一般时尚，总能给人以新车云集、争奇斗艳的感觉。巴黎国际车展起源于1898年的国际汽车沙龙会，现在每两年一届，时间在9月底至10月初。巴黎车展是新概念车云集的海洋，车展始终围绕着"新"字做文章。

❺ 东京车展

东京车展是世界五大车展中历史最短的，创办于1954年，逢单数年秋季为轿车展，双数年为商用车展，是亚洲最大的国际车展。展馆位于东京附近的千叶县幕张展览中心（图6-32）。东京车展历来是日本本土生产的各种小型汽车（图6-33）唱主角的舞台，但对世界汽车市场有较深的影响，尤其对亚洲汽车市场有着重要意义，被誉为"亚洲汽车风向标"。

汽车文化

图6-32 幕张展览中心

图6-33 参展的三菱汽车

6 中国车展

随着近几年中国汽车消费市场的蓬勃发展，中国车展无疑成为众多汽车厂家展示品牌实力与核心技术的最佳平台。国际汽车巨头欲借助这个舞台，让中国消费者对其汽车品牌有更加清晰的认知，纷纷选择我国的车展作为新车首发的平台。我国的本土汽车品牌也通过车展展现了民族工业的飞速进步。在众多国内汽车展览中，最具代表性的当属北京车展（图6-34）、上海车展（图6-35）、广州车展、长春车展等。

图6-34 2013年北京车展的玛莎拉蒂

图6-35 上海车展首发的宝马概念车

实践活动

1. 与同学交流自己知道的世界著名汽车赛事。根据自己对赛车运动的了解，总结一下赛车在中国的发展，中国参赛的情况，看谁说得最好。

2. 通过互联网或其他途径查找资料，向同学介绍书中没有提到的世界著名车手的故事。

3. 向同学或家人说说自己喜欢的1~2个关于汽车赛事的电影。

4. 请同学们以"汽车运动之美"为主题，自拟题目，设计一份手抄报。看谁设计得最漂亮。

5. 选取或参加一次著名的车展，搜集相关资料，设计一个PPT幻灯片，利用多媒体向同学们介绍一下车展的情况。

6. 由班委会组织一次游戏，以学习小组为单位，每组设计5道关于汽车运动的题目，其他组的同学抢答，看哪个小组成绩高。

项目七　汽车维修技能大赛

学习目标

完成本项目学习后，你应能：
1. 了解汽车维修技能大赛的起源；
2. 熟悉国家级汽车维修技能大赛的组织结构；
3. 熟悉汽车维修技能大赛的组织形式及意义；
4. 了解中职汽车维修技能大赛的比赛内容。

建议课时

2课时。

项目描述

一年一度的汽车维修技能大赛，已经成为汽修行业和职教领域的一大盛事和品牌，是全国职业院校汽修专业学生展现精湛技艺、展示个人风采的舞台。

常言道"无艺寸步难，有艺走遍天"。大赛的技术方案是按行业标准和实际工作要求来设计的，因此，选手学的是真本事，练的是真功夫，比的是真水平。通过大赛让职业学校更多的优秀学生实现"携手竞技，放飞梦想"，最终"走出校园，走向全国"，并将汽修行业的良好职业素养发扬光大。

学习本项目，可以了解行业的技术规范、发展动态。学习时，可借助网络查阅有关的比赛资料、比赛视频；查阅大赛历届"状元"的趣闻轶事等；还可通过观看相关比赛视频，了解有关项目的比赛情况，感受选手"我参与、我快乐、我收获、我成功"的活力和激情，并将你的感受和愿望与同学进行交流。

情景导入

2011年11月10日，《青岛晚报》教育周刊（图7-1）刊出题为"技能大赛拔头筹'状元'遭'哄抢'"的文章：

汽车文化

　　山东省轻工工程学校的王路恒、黄健、吴越如今可是学校的大红人，不仅顶岗实习阶段就被中石油"抢"走，未来还有一份待遇优厚的合约在向他们招手。青岛交通职业学校的胡其伟、徐文豪则陷入了"幸福的烦恼"，未毕业就有十几家知名汽车企业争相与之签约，开出的条件一个比一个有竞争力，实在难以抉择。他们都有一个共同的头衔：全国职业技能大赛冠军。

图7-1　《青岛晚报》教育周刊

　　中等职业学校学生在全国职业技能大赛上获得一等奖，与考上清华、北大的高考状元一样，是一件令人羡慕和称道的事情。参加职业技能大赛的优秀选手还没毕业就被"哄抢"，成了人才市场上的"香饽饽"。

  汽车维修技能大赛

1　大赛的起源

　　由教育部、交通运输部等主办，中国汽车维修行业协会等承办的全国中等职业学校汽车维修技能大赛，是迄今为止国内规模最大、影响最为广泛的职业技能竞赛。该项赛事充分发挥了切磋技艺、促进水平共同提高的作用，为机动车维修行业培养了大量宝贵人才，树立了行业形象，也为我国进入汽车社会，实现可持续发展提供了坚强有力的保证。

　　中国的汽车工业起步较晚。二十世纪八十年代改革开放后，汽车工业发展较快；2001年，中国加入世界贸易组织，汽车经济快速增长。1992年全国汽车产销量为100万辆，2000年达到200万辆，2002年进一步达到300万辆，2012年突破1900万辆，2013年汽车产、销双超2000万辆，全国机动车保有量也超过2.4亿辆，中国真正成了汽车消费大国（图7-2）。

随着汽车保有量的急剧增加，社会对汽车维修服务人员的需求也在增加。同时，由于汽车技术的不断升级，原来的维修服务人员的技术水平明显与行业的发展不相适应，2001年后，汽修行业出现了技能人才需求大增而储备不足的局面。有资料表明，汽车维修行业的从业人员每年全国需要新增近30万人。

为加快培养和选拔汽车维修行业急需的技能型人才，贯彻国务院《关于大力推进职业教育改革与发展的决定》，2003年12月，教育部、交通部等六部委联合实施"职业院校制造业和现代服务业技能型紧缺人才培养培训工程"，汽车运用与维修专业被列为首批实施专业。

该项工程实施以来，教育部、交通运输部、人力资源和社会保障部以及地方各级政府等，不断加大各项政策的支持力度，增加经费投入，使得全国近1500所设有汽车运用与维修专业的职业学校的办学条件和教学水平得到了明显改善。

2005年10月，国务院发布《关于大力发展职业教育的决定》。同年11月，国务院在北京召开了全国职业教育工作会议。为深入贯彻落实会议精神，推动中等职业学校教学改革，提高汽车运用与维修专业学生的学习积极性，促进学生实际操作技能的提高，检验技能型紧缺人才培训和培养工程的成果，按照国务院关于要"定期开展全国性的职业技能竞赛活动"的要求，2007年6月，教育部和交通部联合下文，决定共同举办全国中等职业学校汽车运用与维修技能大赛，由中国汽车维修行业协会与地方政府部门具体承办（图7-3）。从此，一年一度的全国职业院校汽车维修技能大赛正式开办（比赛内容见表7-1，历届主办与承办单位见表7-2）。

图7-2 交通枢纽

图7-3 2007年中职汽车维修技能大赛开幕式

2007年汽车运用与维修技能大赛赛项一览表 表7-1

项目	比赛内容	使用设备或要求	限时	仪器
汽车二级维护作业（团体赛）	二级维护作业按国家标准《汽车维护、检测、诊断技术规范》（GB/T18344），结合丰田威驰轿车4万公里保养规程进行	丰田威驰1.3MT，手动5挡，发动机型号：2SZ	30min	废气分析仪 金德K81综合诊断仪 SATA世达工具
汽车维修基本技能（个人赛）	汽缸盖的拆卸与安装	丰田5A发动机	30min	
	汽缸测量	测量汽缸筒磨损	20min	
	简单故障排除	丰田威驰轿车汽车电控系统	30min	

汽车运用与维修技能大赛历届主办与承办单位一览表　　　　表7-2

举办年份	2007	2008	2009	2010	2011	2012	2013	2014	2015	2016
主办单位	教育部、交通部、重庆市人民政府	教育部、交通运输部、天津市人民政府					教育部、交通运输部、江苏省人民政府		教育部、交通运输部、山东省人民政府	教育部、交通运输部、山东省人民政府
承办单位	中国汽车维修行业协会、重庆市教委	中国汽车维修行业协会、天津市教委		中国汽车维修行业协会、天津市教委、天津东丽区人民政府			全国交通运输职业教育教学指导委员会、中国汽车维修行业协会、江苏省教育厅、无锡市人民政府		全国交通运输职业教育教学指导委员会、中国汽车维修行业协会、山东省教育厅、山东省交通运输厅、德州市人民政府	全国交通运输职业教育教学指导委员会、中国汽车维修行业协会、中国汽车保修设备行业协会、山东省教育厅、德州市人民政府

2 大赛的组织结构

汽车维修技能大赛设立组委会、执委会和执委会办公室等组织机构。

执委会（执行委员会）统筹领导，对比赛具体事项进行组织。执委会由主办单位、承办单位、协办单位、支持单位和各参赛省（自治区、直辖市、计划单列市）教育行政部门有关负责人组成，下设仲裁委员会、资格审查委员会、裁判委员会和会务组。

2013年1月，教育部印发《全国职业院校技能大赛三年规划（2013—2015年）》，对赛事组织进行了补充和完善。文件规定：

在规划期间，教育部牵头组建大赛组委会和执委会，任期三年。参与联办的国务院部门和行业组织在赛事组织过程中发挥指导作用。

大赛执委会下设赛项专家组。专家组制定赛项技术方案，根据技术方案综合评议合作企业，再根据评议结果确定合作企业和比赛所用设备。

设立院校技能竞赛工作委员会，由大赛执委会办公室、地方和行业的有关人员，以及部分赛项专家组成，承担大赛执委会办公室的部分具体工作。

3 大赛的组织形式

汽车维修技能大赛采取地市级预赛、省级复赛、国家级决赛的管理形式。实行分级管理后，每一级别的组织形式基本相似，以2016年全国职业院校技能竞赛中职组"汽车运用与维修"赛项为例。

（1）竞赛方式。比赛分理论考试和实操考核两部分（表7-3）。

竞赛形式与方式　　　　表7-3

竞赛形式	竞赛方式
理论考试	采用计算机考试方式（机考）
实操考核	根据比赛项目要求对指定车辆（或工件）进行指定作业内容的操作

（2）组队方法。要求如下：

①团体赛：汽车二级维护作业与车轮定位项目。每省限报2队，须来自不同院校；以

院校为单位组队参赛,不得跨校组队。每支参赛队由2名选手和不超过2名指导教师组成。

②个人赛:汽车维修基本技能、汽车空调维修、车身修复、车身涂装此四项均为个人赛,每项每省限报2名选手,每名选手限1名指导教师。团体赛和个人赛选手不重复。

③报名对象为2016年在籍中等职业学校(职业高中、普通中专、技工学校、成人中专)学生,五年制高职学生报名参赛的,一至三年级(含三年级)学生参加中职组比赛,不限性别,年龄须不超过21周岁,年龄计算的截止时间以比赛当年的5月1日为准。凡在往届全国职业院校技能大赛中获一等奖的选手,不再参加同一项目同一组别的赛项。

4 大赛的意义

举办全国职业院校汽车维修技能大赛,是对汽车运用与维修专业技能型紧缺人才培养培训工程的进一步检验,是对深入贯彻落实国务院职业教育工作会议精神,深化职教改革,加快职教发展所取得的成果的一次检阅,是汽车运用与维修专业广大师生奋发向上、锐意进取的精神面貌和熟练技能的一次展示,这对于全面落实科学发展观,提高职业教育的办学质量和效益,实现职业教育又好又快发展具有十分重要的意义。

5 实操比赛内容

以"2013年全国职业院校技能竞赛"中职组"汽车运用与维修"赛项的技术方案为例。

(1)汽车二级维护作业与车轮定位。共有以下两个赛项:

赛项1:汽车二级维护作业(比赛时间35min)。比赛内容包括实际操作、故障检查和作业规范。二级维护作业按《汽车维护、检测、诊断技术规范》(GB/T 18344)结合比赛所用车辆4万公里维护规程进行实操考核。图7-4为选手正在进行二级维护作业。

赛项2:车轮定位(比赛时间35min)。比赛内容包括车轮定位检测和前束调整。车轮定位作业遵照设备操作手册、比赛车型维修手册的相关要求和作业流程进行实操考核(图7-5)。

图7-4 二级维护比赛现场图

图7-5 车轮定位比赛现场

(2)汽车维修基本技能。共有以下两个赛项:

赛项1:配气正时机构拆装与气门间隙检查调整(比赛时间30min)。比赛内容为按照要求对指定的配气正时机构完成拆装及测量等操作(图7-6)。

赛项2:汽车故障诊断(比赛时间30min)。比赛内容是对比赛所用车辆指定的系统进行故障诊断。故障范围包括发动机控制系统和车身电器系统两部分,其中,车身电器系统为照明系统、中控门锁、电动窗系统其中之一。图7-7为选手正在车内读取发动机故障码。

图7-6 配气正时比赛现场

图7-7 读取故障代码

（3）车身修复（钣金）。共有以下三个赛项：

赛项1：电子测量校正（比赛时间40min）。比赛内容为先对车身底部进行测量（共6对12个测量点，分别为2对基准点，4对测量点），再对前纵梁进行测量、校正（图7-8）。

赛项2：板件更换（比赛时间40min）。比赛内容是对提供的板件（A、B、C板件）进行测量、画线、切割、定位、电阻点焊和保护焊操作（图7-9）。

图7-8 电子测量比赛现场

图7-9 板件焊接现场

赛项3：受损门板修复（比赛时间40min）。比赛内容是对车门外板上的条形凹陷（漆膜已破坏）和门板上受损的车身线按正确工艺进行损伤修复。图7-10为选手正在对受损车门进行修复操作。

（4）车身涂装（涂漆）。共包含五道工序：

工序1：损伤区处理（比赛时间40min）。比赛内容为按要求完成损伤部位的羽状边打磨、原子灰刮涂、原子灰研磨及喷涂中涂底漆前的贴护（图7-11）。

图7-10 门板修复现场

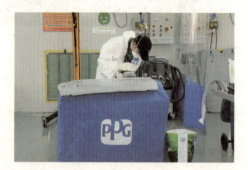
图7-11 涂装现场（1）

工序2：喷中涂底漆（比赛时间15min）。比赛内容为按要求完成中涂底漆喷涂（图7-12）。

工序3：面漆前处理（比赛时间15min）。比赛内容为按要求完成中涂底漆、旧涂层研磨及清洁作业（图7-13）。

图7-12 涂装现场（2）　　　　　　图7-13 涂装现场（3）

工序4：底色漆微调（比赛时间20min）。比赛内容为按要求完成底色漆调色作业（图7-14）。

工序5：双工序面漆修补喷涂（比赛时间25min）。比赛内容为按要求完成损伤区域双工序面漆修补喷涂及喷涂一块样板（图7-15）。

图7-14 涂装现场（4）　　　　　　图7-15 涂装现场（5）

（5）汽车空调维修（比赛时间50min）。比赛内容为汽车空调制冷剂回收、净化、加注和简单故障诊断与排除（1个机械故障和1个电器故障）。图7-16为选手正在对空调系统进行检测。

图7-16 空调系统检测

课题二　世界技能大赛及与汽车相关的赛项

1 世界技能大赛简介

世界技能大赛，是职业技能竞赛中的奥林匹克，因此，也称"技能奥赛"。其宗旨是在世界范围内促进青年人职业技能水平的提升。大赛要求选手年龄在22周岁以下，不限学校、类别，所有年龄符合要求的青工和学生皆可报名。

表7-4所示为2013年7月在德国莱比锡举办的第42届世界技能大赛的比赛项目。从表中可以看出，比赛分为6个大类，每个大类里又分为若干个小项。

第42届世界技能大赛比赛项目一览表　　　　表7-4

大　类	小　项
建筑与工艺技术（12项）	砌砖、家具制造、木工、电气技术安装、细木工、园林设计、室内装饰设计、墙面抹灰与干燥、给排水系统和供暖系统、制冷技术、石雕、瓷砖贴面
制造与工程技术（14项）	数控加工、数控车床、建筑金属加工、创意建模、电子技术、工业控制、制造团队挑战赛、机械工程设计-CAD、机电一体化、移动机器人、模具制造、自动化技术、薄板技术、焊接技术
运输与物流（4项）	汽车技术、车身修理、汽车喷漆、飞机维修
信息与通信技术（5项）	信息网络技术、IT网络系统、IT商务软件、胶印、网站设计
艺术创作与时装（5项）	时装技术、花艺、平面设计、首饰加工、商品展示设计
社会与私人服务（6项）	面点制作、美容、护理、糕点烹饪、美发、餐厅服务

世界技能大赛起源于1947年的西班牙。当时在意识到社会急速发展迫切需要提供大量技术人员后，西班牙举办了全国技能比赛。1950年，西班牙与葡萄牙联手共同举办了首次跨国职业技能比赛，两国各派12名选手进行了12个项目的比拼。经过本次比赛的尝试，1953年，大赛组织机构联系了法国、德国、摩洛哥、葡萄牙、瑞士、英国及西班牙共七个国家，决定正式开办世界职业技能大赛，首次举办地为西班牙的首都马德里。

世界技能大赛组织是一个中立的、非营利性的非政府国际组织，该组织设有两个最高权力机构——会员大会和执行董事会。会员大会常设行政委员会和秘书处，负责协调大赛事宜并为未来的发展制定方向。1970年之前，会员大会每年组织一次，此后改为每两年举行一次，由不同的会员国家或地区轮流主办。比赛也是每两年举办一次，大会与大赛的举办相隔一年，头一年大会对下一年大赛各项事宜进行讨论，并决定下一届大赛举办权的归属。

2 与汽车相关的赛项简介

世界技能大赛中与汽车相关的比赛项目有三项，分别是汽车技术、车身修理和汽车喷漆。

（1）汽车技术。汽车技术的比赛范围是压缩点火燃料系统、制动系统、电气系统、火花点火发动机管理、传动系统、发动机修理、转向和悬架系统等7个重要的汽车系统。该赛项要求选手理解上述系统的运作，并实施故障排除、维护和修理工作。选手必须具备系统的逻辑思维能力，遵守健康与安全法规。图7-17为汽车技术的比赛现场。

（2）车身修理。车身修理的主要工作是修复在交通事故中损坏的车身。要求使用电子设备检测汽车的损坏程度，在不破坏车身整体结构的前提下，对车身进行整形，运用电阻点焊、二氧化碳气体保护焊等手段进行焊接修补，然后用磨光机进行打磨，达到可以在上面喷漆和抛光的程度。图7-18为车身修理的比赛现场。

图7-17 汽车技术比赛

图7-18 车身修理比赛

（3）汽车喷漆。汽车喷漆项目的技能是修理汽车表面。要求运用各类涂料，如防腐底漆、底漆填料等喷涂车辆的内部和外部配件，用聚酯填料、堵漏剂、底漆填充剂等修复局部损坏，在维修过程中完成干砂打磨（不用湿砂）、修整、抛光等工序。要求选手能够运用细条纹带、色点等装饰车身，能够调色和混色，对汽车进行补漆，能够遵守主办国家的安全和卫生规定，合理选择恰当的设备和工具，在规定时间内完成喷漆工作。图7-19为汽车喷漆的比赛现场。

图7-19 汽车喷漆比赛

3 中国与世界技能大赛

世界技能大赛是世界各国和地区选手进行职业技能展示与交流的平台。中国大陆地区于2010年10月正式加入世界技能组织。2011年10月在第41届世界技能大赛上，中国大陆首次派出6名选手参加了机械工程设计CAD、数控车、数控铣、美容、网站设计、焊接6个项目的竞赛。经过4天的激烈比拼，中国石油天然气第一建设公司中职学历的裴

汽车文化

图7-20 第41届世界技能大赛上的裴先锋

先锋夺得焊接项目银牌，成为60多年来获此殊荣的中国大陆第一人（图7-20）。其他5名选手分获各个项目的优胜奖。中国队参赛总平均分为524.67，名列世界第二。中国队首战告捷，凭借高超的技艺在国际技能大赛中展示了中国技术工人的非凡实力。

2013年7月，第42届世界技能大赛在德国莱比锡举行，此次大赛，中国派出26名选手参加了22个项目的角逐，最终获得1银、3铜和13个优胜奖的优良战绩。

2015年8月，第43届世界技能大赛在巴西圣保罗举行，中国代表团派出32名选手参加29个项目的比赛，共获得5枚金牌、6枚银牌、3枚铜牌和12个优胜奖，创造了我国参加世界技能大赛以来的最好成绩，实现了金牌零的突破。

实践活动

1.由班委会组织共同观看全国汽车维修技能大赛的比赛视频。在观看时记住选手的操作，看完后回放部分画面，由同学说出选手正在进行什么操作。

2.上网查询历届汽车维修技能大赛中职组各分赛项的大赛"状元"是谁？来自哪所学校？获得了什么样的奖励？然后讲给同学或家人听。

3.通过网络查询中职汽车维修技能大赛各分赛项具体的比赛规程或技术方案，选择自己感兴趣的项目，制订出学习和训练计划，与小组内的同学交流。

4.通过网络搜集各种技能大赛参赛选手的励志故事和生活琐事，然后讲给同学或家人听。

5.了解本地区各行业技术能手、比武标兵、获奖选手的事迹，由班委会组织一次"奖牌是怎样炼成的"主题班会，或以小组为单位分别出一期手抄报，也可将优秀人物的事迹打印出来，配上图片，装订成册，供同学们翻阅。

项目八　未来汽车

学习目标

完成本项目学习后，你应能：
1. 了解汽车在电子化、网络化方面的新技术；
2. 了解智能交通系统与智能汽车技术；
3. 了解清洁能源汽车与新材料应用方面的前沿科技。

建议课时

4课时。

项目描述

汽车发展至今已经有一百多年的历史了，各种先进的技术越来越多地被运用到汽车领域。例如卫星导航技术、光电技术、计算机技术等等。但是随着全球能源的枯竭、环境恶化等问题的日益突显，人们对未来汽车的要求也越来越高。未来的汽车应该是什么样子呢？智能汽车、安全汽车、新能源汽车、节能汽车应该成为未来汽车的主流。

学习本项目我们可以了解汽车发展的新技术，感受智能汽车、安全汽车、新能源汽车和节能汽车的独特魅力。学习时可以通过查阅网络资料、观看视频等进一步体会未来汽车给人们带来的各种便利，和同学分享你对未来汽车的畅想。

情景导入

在2013年11月举行的第五届"中国智能车未来挑战赛"上，来自中科院合肥研究院的智能先锋无人驾驶汽车再获佳绩。据介绍，合肥科学家研发的无人驾驶技术，智能程度甚至不逊于谷歌无人驾驶汽车。

2013年11月2日至4日，第五届"中国智能车未来挑战赛"在江苏常熟举办。中科院合肥物质科学研究院先进制造所携"智能先锋1号"和"智能先锋2号"无人驾驶汽车参加赛事，在18支车队中脱颖而出。据了解，"智能先锋1号"是合肥研究院自主研发的第一辆无人车,已经连续参加了4届比赛,均获得前三名。2013年研制成功的"智能先锋2号"优化了感知系统,并安装了IPD-I型自动驾驶仪,最高时速可达120km/h。

据介绍,第五届比赛全部在真实道路环境下进行,比赛路线长约18km,途经拱桥、村庄、路口等,无人车必须经受车辆干扰、交通信号灯识别、施工绕行、任务终点停车等考验,才能完成比赛。而合肥研究院的无人车,只用了半小时左右。科研人员介绍,"智能先锋2号"在普通公路上的最高时速能达到50km/h,在笔直无车辆的道路上才能开到设计最高时速。

据了解,谷歌是全球第一家被允许测试无人驾驶汽车的公司。谷歌智能汽车的无人驾驶技术,是建立在谷歌地图和街景的基础上,将实际道路情况与地图信息匹配后,进行无人驾驶。而合肥研究院的智能汽车则是模拟人类的视听觉系统进行感知,并作出判断,这样就可以在地图没有覆盖到的未知道路上,一边认知新环境,一边进行无人行驶。

现场一些专家预测,无人驾驶汽车将在数十年甚至十几年后进入百姓家。

课题一　汽车电子化和网络化

随着汽车工业和电子工业的不断发展,汽车电子技术被广泛地应用到现代汽车中。汽车电子新技术的应用使得汽车的动力性、操控性、经济性和安全性得到了很大的提高。汽车电子化程度的高低已经成为衡量汽车先进水平的重要标志。在工业发达国家,每辆车上电子装置的平均成本已占整车成本的30%~35%;在一些豪华轿车上,电子产品的成本已占到整车成本的50%以上。汽车已经不再是单一的机械产品,随着消费者对汽车性能要求的日益提高,汽车正在逐渐由机械系统向电子系统转换。

一　汽车电子新技术

目前应用比较多而且比较先进的汽车电子技术主要有:

1 发动机可变气门正时技术(简称VVT)

车用发动机中,因气门正时固定不变而导致发动机某些重要性能在整个运行范围内不能很好地满足运行需要,发动机可变气门正时技术就是针对这种情况提出的。VVT技术在发动机运行工况范围内提供最佳的配气正时,提高了发动机的动力性和经济性。图8-1为采用该技术的丰田汽车发动机。

2 进气管长度可变技术(简称VGIS)

进气管长度可变技术是电控单元根据发动机转速和负荷的变化来改变进气通道的长

短。这项技术缩小了发动机在高低转速下的进气速度的差别，不仅可以提高发动机的动力性，还由于提高了发动机在中低转速下的进气速度而增强了汽缸内的气流强度，从而改善了燃烧过程，使发动机中低速燃油经济性有所提高。图 8-2 为采用该技术的马自达轿车。

图8-1　采用VVT技术的发动机　　　　　　图8-2　采用VGIS技术的轿车

3 废气再循环系统（简称EGR）

废气再循环技术是指将一定量的废气引入进气管中，与可燃混合气一起吸入汽缸，降低了发动机的燃烧温度，减少了氮氧化物等有害气体的排放。图 8-3 为装配 EGR 系统的比亚迪发动机。

4 柴油机的高压共轨喷射系统

高压共轨喷射系统指在高压油泵、压力传感器和电子控制单元组成的闭环系统中，将喷射压力的产生和喷射过程彼此完全分开的一种供油方式，其原理如

图8-3　装配EGR系统的比亚迪发动机

图 8-4 所示。它比传统增压柴油机燃烧效率提高 8%、二氧化碳排放低 10%、噪声下降 15%，彻底改变了柴油机在人们心目中"噪音大、冒黑烟"的形象。

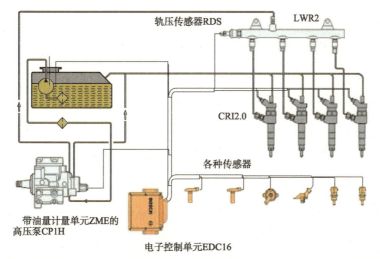

图8-4　高压共轨系统原理图

5 防抱死制动系统（简称 ABS）

防抱死制动系统是通过控制刹车油压的收放，来达到对车轮抱死的控制。其工作过程实际上是抱死—松开—抱死—松开的循环工作过程，使车辆始终处于临界抱死的间隙滚动状态。ABS 可改善整车的制动性能，提高行车安全性，防止在制动过程中车轮抱死（即停止滚动），从而保证驾驶人在制动时还能控制方向，并防止后轴侧滑。安装 ABS 前后避障的区别如图 8-5 所示。

6 驱动防滑系统（简称 ASR）

驱动防滑系统属于汽车主动安全装置，又称牵引力控制系统，可防止车辆在起步、再加速时驱动轮打滑现象，以维持车辆行驶方向的稳定性。行驶在湿滑的路面上，没有 ASR 的汽车加速时驱动轮容易打滑。如是后驱动的车辆容易甩尾，如是前驱动的车辆则容易方向失控。有了 ASR，汽车在加速时就不会有或能够减轻这种现象。如图 8-6 所示，正在试验的配有 ASR 系统的车辆。

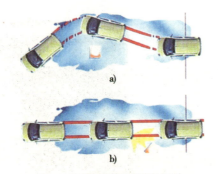

图8-5　安装ABS前后避障的区别

图8-6　试验中的配有ASR系统的车辆

7 车身电子稳定系统（简称 ESP）

车身电子稳定系统又称汽车动态控制系统，它不但控制驱动轮，而且可控制从动轮。该系统把汽车的制动、驱动、悬架、转向、发动机等各主要总成的控制系统，在功能上和结构上有机地结合在一起，使汽车具有良好的方向稳定性，是 ABS 和 ASR 系统功能的延伸，称得上是当前汽车防滑装置的最高级形式。如图 8-7 所示，ESP 系统在驾驶室内的按键。

8 电子制动力分配系统（简称 EBD）

汽车如果制动时四条轮胎附着地面的条件不同，如左车轮附着在湿滑路面，右车轮附着在干燥路面，在制动时就容易打滑、倾斜和侧翻。而 EBD 的功能就是在汽车制动瞬间，调整制动力，保证车辆的平稳与安全。在本质上 EBD 是 ABS 的辅助功能，一般配有 ABS 的车辆都会配备 EBD。图 8-8 为 ABS+EBD 的制动效果。

9 胎压监测系统（简称 TPMS）

胎压监测系统就是在汽车行驶过程中对轮胎压力进行实时监测，对轮胎低压和高压进行报警，驾驶人能够及时获得胎压信息，从而保证车辆安全行驶。它对车辆的经济性、安全性和舒适性都有很大提高。图 8-9 为配有胎压监测系统的车辆。

图8-7 ESP系统在驾驶室内的按键

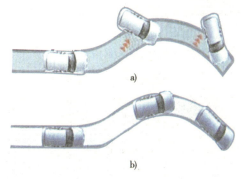

图8-8 ABS+EBD的制动效果

10 汽车电动转向系统（简称EPS）

电动转向系统根据车速、转向情况等利用电动机产生的动力协助驾驶员进行动力转向。低速时，使转向变得轻便灵活；高速时提高车辆行驶的操纵稳定性。其原理如图8-10所示。

图8-9 配有胎压监测系统的车辆图

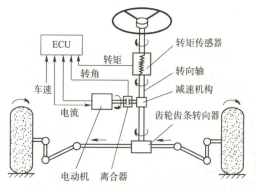

图8-10 电动助力转向原理图

11 定速巡航控制系统（简称CCS）

定速巡航控制系统用于控制汽车的定速行驶，汽车一旦被设定为巡航状态时，发动机的供油量便由电脑控制，驾驶者无须操纵加速踏板汽车会以设定的速度匀速前进。通常情况下定速巡航系统在车速大于30km/h时才能工作。定速巡航控制按键如图8-11所示。

12 安全气囊系统（简称SRS）

安全气囊用带橡胶衬里的特种织物尼龙

图8-11 定速巡航控制按键

制成，工作时用无害的氮气填充。在发生碰撞时，安全气囊充气大约只需要0.03s。安全气囊一般由传感器、电控单元、气体发生器、气囊、续流器等组成，通常气体发生器和气囊等制作成一体构成气囊模块。传感器感受汽车碰撞强度，并将感受到的信号传

项目八 未来汽车

105

送到控制器，控制器接收传感器的信号并进行处理，当它判断有必要打开气囊时，立即发出点火信号以触发气体发生器，气体发生器接收到点火信号后，迅速点火并产生大量气体给气囊充气。由于安全气囊弹开充气的速度可高达320km/h，碰撞时如果乘坐姿势不正确，将会带来严重的伤害。转向盘上的气囊标志和弹出后的气囊如图8-12所示。

 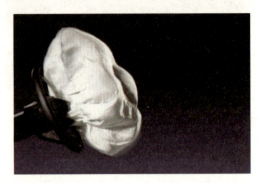

图8-12　转向盘上的气囊标志和弹出后的气囊

13 全球卫星定位系统（简称GPS）

全球卫星定位系统是以全球24颗定位人造卫星为基础，向全球各地全天候提供三维位置、三维速度等信息的一种无线电导航系统。该系统具有导航、语音提示、定位、测速、显示轨迹等功能，正在逐步成为车辆的标准配置。车载GPS系统如图8-13所示。

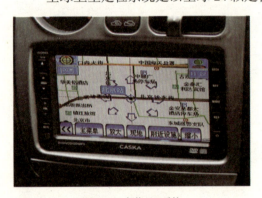

图8-13　车载GPS系统

二　汽车网络化

电子技术的广泛应用，提高了车辆的安全性、经济性和舒适性。原始的常规布线方式，占据车内的有效空间，提高了制造和维修的成本。同时也使车辆的可靠性下降。一辆采用传统布线的高档汽车，其导线长度可达2000m，电线的总质量可达40~60kg。为了解决上述问题，用于电控单元相互连接、协调工作和信息共享的汽车汽车控制器局域网络CAN总线技术应运而生。

1 CAN总线技术

CAN数据传输系统将传统的多线传输系统改变为双线（总线）传输系统，如图8-14所示。这样一辆汽车不论有多少控制模块，也不管其信息容量有多大，每个控制模块都只需引出两条线接在两个节点上，这两条导线称为数据总线。

2 局部连接网络（简称LIN）

局部连接网络是一种低成本的串行通信网络，用于实现汽车中分布式系统电子控制，如图8-15所示。目前，摩托罗拉是全球最主要的LIN协议芯片及其相关驱动程序提供商，提供硬件开发工具及相应的软件包、LIN物理层接口等。

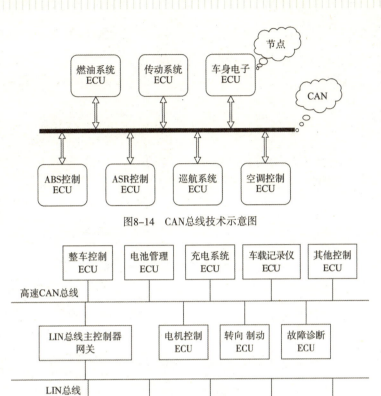

图8-14 CAN总线技术示意图

图8-15 局部网络连接示意图

3 车上网络协议标准—FlexRay

FlexRay 是戴姆勒 - 克莱斯勒公司的注册商标。该车载网络标准已经成为同类产品的基准，在未来很多年内，将引导整个汽车电子产品控制结构的发展方向。FlexRay 是继 CAN 和 LIN 之后的最新研发成果，可以有效管理多重安全和舒适功能，可以为车内控制系统提供速度更快、可靠性更强的通信方式。

课题二　汽车智能化

一 智能汽车

随着汽车电子技术的飞速发展，汽车智能化技术正在逐步得到应用。汽车智能化技术使汽车的操纵越来越简单,动力性和经济性越来越好,行驶安全性越来越高,这是未来汽车发展的趋势。目前正逐步应用于汽车的智能控制技术主要有以下几种。

1 自动泊车系统

对于许多驾驶员而言,停车是一件较费劲儿的事情,大城市停车空间有限,将汽车驶入狭小的车位已成为一项必备技能。设想一下,你找到了一个理想的停车位,而只需轻轻触动按钮,车辆便会自动停到指定车位,完成泊车,这是一件多么令人兴奋的事情。这项技术就是自动泊车系统。目前,国内的上海大众途安、帕萨特、斯柯达昊锐、一汽大众CC等车型都配备了自动泊车系统。图8-16为装备自动泊车系统的途安轿车。

2 主动防追尾系统

主动防追尾系统是在车辆的前端装上传感器、雷达、摄像机等设备,能够自动探测出与前车的距离,并与本车的制动、灯光等系统联动,当跟车距离低于安全距离时,系统会在零点几秒内启动,以强制拉大跟车距离。图8-17为装备主动防追尾系统的沃尔沃XC60越野车。

图8-16 装备自动泊车系统的途安轿车

图8-17 装备主动防追尾系统的沃尔沃XC60

图8-18 配有前照灯随动转向技术的车辆

3 自动感应前照灯

自动感应前照灯是车辆根据光线传感器来判断周围光线亮度变化,来控制自动点亮或熄灭示宽灯和近光灯。这种技术无须手动调节灯光,可减轻驾驶疲劳,确保行驶安全,但它也有不足的地方,在林荫路或间断短隧道行驶可能会频繁开启前照灯,降低前照灯使用寿命。自动感应前照灯已经成为许多中级车的标准配置。许多厂家研发了前照灯随动转向技术,前照灯会随着车的方向而发生转动。图8-18为配有前照灯随动转向技术的车辆。

4 无人驾驶技术

在军事领域,无人机已经不是什么新鲜事了。随着汽车技术的日益成熟,无人驾驶的智能化汽车将成为未来汽车的趋势，如奥迪、谷歌等公司已经开始研究无人驾驶汽车。

二 智能交通

智能交通系统是未来交通的发展方向，它是将先进的信息技术、数据通信传输技术、电子传感技术、控制技术及计算机技术等，有效地集成运用于整个地面交通管理，从而建立起来的一种在大范围内、全方位发挥作用的综合交通运输管理系统。它可以有效地利用现有交通设施、减少交通负荷和环境污染、保证交通安全、提高运输效率，因而日益受到各国的重视。

1 不停车收费系统（简称ETC）

不停车收费系统是世界上最先进的路桥收费方式，是智能交通系统的服务功能之一，过往车辆通过道口时无须停车，实现自动收费。2008年12月18日，山东高速不停车收费系统全面建成并开通，通达全省高速公路1200km以上，山东ETC系统建设处在国内领先水平。图8-19为ETC专用车道。

2 绿波交通

绿波交通是指信号灯智能化设计和控制，以求车辆一路连过多个路口都是绿灯，提高通行速度。这种"绿波"交通可以减少车辆在交叉口的停歇，提高了平均行车速度和通行能力，可以最大限度地利用城市的每一条道路和交叉道口的空间。目前国内的一些路段已建立起了"绿波带"，如图8-20所示。

图8-19　ETC专用车道

图8-20　"绿波带"

3 车辆缉查发布系统

在高速公路上，装设高清摄像头对车辆进行超速抓拍并对比，发现报警后在收费站或前端LED屏实时显示违章车辆信息，执法人员可在收费站出口进行拦截，第一时间对违法违章行为进行处罚，目前国内的许多高速公路都已经应用该系统。

汽车文化

课题三　新能源汽车

近年来，中国多地出现雾霾天气，尤其是京津冀鲁、长三角和珠三角等区域，大气污染程度十分严重。以北京为例，2013年1月，仅有5天不是雾霾天。许多地方政府不得不采取公车限行等措施来应对恶劣天气，汽车虽然不是雾霾天气的罪魁祸首，但汽车排放的氮氧化物也加剧了雾霾天气的严重程度。

对于全球汽车行业来说，发展新能源汽车意义重大。新能源汽车是指除了汽油发动机、柴油发动机之外的所有其他能源汽车。包括纯电动汽车、液化石油气汽车、天然气汽车、醇类燃料汽车、氢气汽车、太阳能汽车、混合动力汽车等。

一　纯电动汽车

1881年，在巴黎举行的国际电器展览会上，法国人古斯塔夫-特鲁夫展出一辆能实际操纵的电动三轮汽车。这是世界上第一辆真正意义的电动汽车，比本茨发明的第一辆内燃机汽车早5年。近年来，我国的比亚迪（图8-21）、奇瑞（图8-22）、吉利（图8-23）、长安（图8-24）等企业频繁亮相各大国际车展。居于中国农用车制造首位的山东时风集团也加入到了电动汽车（图8-25）研发制造的行列。

图8-21　比亚迪e6纯电动汽车

图8-22　奇瑞电动汽车

纯电动汽车是指完全由可充电的蓄电池提供动力，用电动机驱动车轮行驶，符合道路交通法规要求的汽车。电动汽车的主要优点是耗能低、无污染、噪音小等。缺点是续航里程短、行驶速度低、蓄电池的更换和维护成本高等。

传统的燃油汽车主要由发动机、底盘、车身和电气设备四大部分组成。纯电动汽车主要是由电动机来驱动,所以没有发动机,替代发动机的是电力驱动控制系统。电力驱动系统主要由电力驱动主模块、车载电源模块和辅助模块三大部分组成。

图8-23 吉利电动汽车

图8-24 长安电动汽车

（1）电力驱动主模块。电力驱动主模块主要包括中央控制器、驱动控制器、电动机（如图8-26）、机械传动装置和车轮等。它的主要功用是将蓄电池的电能转化为车轮的动能,为车辆提供可靠的驱动力。装有能量回收装置的车辆还可以将车辆减速制动时车轮的动能转变为电能储存在蓄电池内。电动汽车装有和传统汽车类似的加速踏板,只不过电动汽车的加速踏板是控制电流大小的,而不是控制节气门开启或者燃油量的。

图8-25 时风电动汽车

图8-26 电动机

中央控制器根据加速踏板传来的电流信号,向驱动控制器发出指令,对电动机进行控制,例如加速、减速等。

驱动控制器是按照中央控制器的要求指令、电动机的速度和电流反馈信号,对电动机的速度、旋转方向等进行控制。电动汽车倒挡功能的实现是通过驱动电机的反转实现的。

（2）车载电源模块。车载电源模块主要包括可充电蓄电池、充电控制器和能量管理系统等。

蓄电池是电动汽车的动力来源,制约电动汽车发展的最大瓶颈就是蓄电池。蓄电池大约占到电动汽车制造成本的三分之一左右。电动汽车使用的蓄电池主要有铅酸蓄电池、镍氢蓄电池、镍镉蓄电池、锂离子电池、锌镍电池等。

铅酸蓄电池（图8-27）是1859年发明的,至今已有150多年的历史。现代内燃机的起动电源仍采用铅酸蓄电池。铅酸电池的电极主要由铅及其氧化物二氧化铅制成,电解液是硫酸溶液。铅酸蓄电池的优点是价格低廉,高倍率放电性能良好,电能效率高,温度适应范围广等。其缺点是质量和体积都比较大,续航里程短,比能量低,寿命短,充电时间长。电极材料铅是重金属，污染环境。

镍氢电池（图 8-28）是 20 世纪 90 年代发展起来的新型电池。镍氢电池是由氢离子和金属镍合成的。它的正极活性物质是氢氧化镍，负极活性物质是储氢合金，是一种碱性蓄电池。镍氢电池作为近年来迅速发展起来的一种高能绿色充电电池，具有能量密度高、可快速充放电、循环寿命长、使用温度范围宽以及无污染等优点。在笔记本电脑、便携式摄像机、数码相机及电动自行车等领域得到了广泛应用。但是在电动汽车领域，镍氢电池还没能完全推广，还有高温性能、储存性能等很多技术瓶颈没有突破。

图8-27　铅酸蓄电池

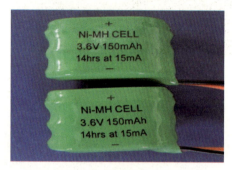
图8-28　镍氢电池

镍镉蓄电池（图 8-29）是指采用金属镉作负极活性物质，氢氧化镍作正极活性物质的碱性电池。它的电解液是氢氧化钾水溶液或者氢氧化钠水溶液。镍镉电池可重复 500 次以上的充放电，经济耐用。其内阻很小，可快速充电，又可为负载提供大电流，而且放电时电压变化很小，是一种非常理想的直流供电电池。镍镉电池最致命的缺点是，在充放电过程中如果处理不当，会出现严重的"记忆效应"，使得寿命大大缩短。

锂离子电池（图 8-30）是最新一代的充电电池。1991 年索尼公司发布首个商用锂离子电池。锂离子电池至今仍是便携电子器件的主要电源。按照正极材料不同可分为锰酸锂离子电池、磷酸铁锂离子电池、镍钴锂离子电池和镍钴锰锂离子电池。锂离子电池必须有防止过充的特殊保护电路。锂离子电池的工作电压高，使用寿命长，比能量高，对环境无污染，但是由于锂离子电池的正极材料价格高，导致整个电池的使用成本偏高。

图8-29　镍镉蓄电池图

图8-30　锂离子电池

（3）辅助模块。电动汽车的辅助模块主要是一些提高汽车舒适性、安全性和操控性的装置。比如，声光信号、空调、电子助力、音响设备等等。这些装置在燃油汽车上早已应用。但在电动汽车上有的模块运用很少，这主要是考虑到电池的续航里程和制造成本等问题。

二 混合动力汽车

混合动力汽车（简称 HEV）是指同时装备两种动力来源——热动力源（由传统的汽油机或柴油机产生）与电动力源（电池与电动机）的汽车。通过在混合动力汽车上使用电机，使得动力系统可以按照整车的实际运行工况要求灵活调控，而发动机保持在综合性能最佳的区域内工作，从而降低油耗与排放。按照使用燃料的不同可以分为汽油混合动力和柴油混合动力。

日本丰田公司生产的普锐斯混合动力汽车是世界上首款量产的混合动力汽车。目前市场上的多家汽车厂商都在进行混合动力汽车的研发与生产，中国混合动力汽车的知名企业主要有比亚迪汽车有限公司、上海汽车集团股份有限公司、中国第一汽车集团公司、重庆长安汽车股份有限公司、东风电动车辆股份有限公司、郑州宇通客车股份有限公司、北汽福田汽车股份有限公司等。但相对来说生产规模都不大，竞争并不激烈。

混合动力汽车借助内燃机的动力系统提供的动力可以带动空调装置、助力装置等，提高了驾驶时的操控性和乘坐的舒适性。在道路拥堵时可以切换至电动模式，实现零排放。但是混合动力汽车制造工艺复杂，维护成本较高，使许多普通消费者望而却步。图 8-31、图 8-32 分别为比亚迪 F3 DM 混合动力汽车和丰田普锐斯混合动力汽车。

图8-31　比亚迪F3 DM混合动力汽车

图8-32　丰田普锐斯混合动力汽车

三 燃料电池汽车

燃料电池汽车（图 8-33）是指采用燃料电池作为电源的电动汽车。燃料电池汽车的主要燃料是氢气。作为燃料的氢在汽车搭载的燃料电池中，与大气中的氧发生化学反应，从而产生出电能起动电动机，进而驱动汽车。汽油、甲醇、天然气、甲烷和液化石油气也可以替代氢（从这些物质里间接地提取氢）。燃料电池汽车能量转化效率高，续航里程长，对环境几乎没有污染。但是燃料电池汽车的制造成本和使用成本较高，辅助设备复杂，而且氢的制取和存储十分困难，还会产生极少的二氧化碳和氮氧化物，所以应用很少。

四 天然气汽车

天然气汽车是以天然气为燃料的汽车，按照使用的天然气种类可分为压缩天然气汽车（CNG）和液化天然气汽车（LNG）。天然气的主要成分是甲烷，它的含量在 90% 以上。目前，天然气被世界公认为是最为现实和技术上比较成熟的车用汽油、柴油的代用燃料。图 8-34 为新爱丽舍 CNG 汽车。

图8-33　氢燃料电池汽车

图8-34　新爱丽舍CNG汽车

1988 年，我国在南充建立起全国第一座天然气充气试验站。随着西气东输、川气东送等多条国家级天然气管道的铺设，我国天然气汽车的使用范围正在逐步扩大。CNG 比较适合国内目前的情况，加工成本相对较低，管道气到加气站，经过脱硫脱水等工艺后加压到 200kg 以上压力，通过加气机充装到 CNG 车上，再通过减压装置减压后进入发动机燃烧使用，CNG 加气方便，价格低廉。LNG 生产成本相对较高，保存也是个问题。气态液化后是超低温状态，通过蒸发气化进入发动机燃烧。虽然 LNG 气瓶是真空隔热的，但是要长期保存，仍然会蒸发泄露，不如 CNG 保存时间长。两者相比，CNG 在汽车上更有应用和推广价值。

五 液化石油气汽车

液化石油气汽车是以液化石油气为燃料的汽车，简称 LPG 汽车（图 8-35）。它的主要成分是丙烷。从 20 世纪 60 年代开始，液化石油气汽车已经在欧洲和日本开始使用。经过几十年的发展，目前世界上已经有 50 多个国家在使用 LPG 汽车。液化石油气具有热值高、热效率高、燃烧充分、排放物中氮氧化物含量少等优点。

六 生物燃料汽车

生物燃料汽车是指以生物资源生产的醇类燃料和生物柴油为燃料的汽车（图 8-36），主要有甲醇燃料汽车、乙醇燃料汽车、二甲醚燃料汽车等。甲醇是一种能够燃烧的液体，它比汽油更洁净环保、更便宜，完全可以替代汽油。

2012 年 2 月，山西省及陕西、上海三地已被列入高比例甲醇汽车试点省市。乙醇燃料已成为国际上公认可降低环境污染和取代化石燃料的主要资源。乙醇燃料燃烧充分，产生的积炭少，乙醇的溶解性能优良，可以清洁油路。但是乙醇燃料的热值低，蒸发温度高，导致汽车动力性下降，并且乙醇的良好的溶解性可能会腐蚀橡胶密封件。二甲醚是柴油发动机燃料的理想替代品。十六烷值含量是柴油燃烧性能的重要指标，二甲醚的十六烷值高于柴油，具有优良的压缩性，非常适合柴油发动机，二甲醚替代柴油可降低氮氧化物排放，实现无烟燃烧，是理想的柴油发动机洁净燃料。

图8-35　LPG公交车

图8-36　乙醇汽车

七 太阳能汽车

太阳能汽车是将太阳能转化为电能，并利用该电能驱动车辆行驶的汽车。太阳表面的温度可以达到6000k，太阳辐射到地面的能量每平方米大约有一千瓦。太阳能汽车真正实现了零排放，正在被越来越多的国家重视和提倡。

太阳能汽车主要由太阳能电池组、自动阳光跟踪系统、驱动系统、控制器、机械系统等组成。太阳能电池最常用的是硅太阳能电池。通常，硅太阳能电池能把10%～15%的太阳能转变成电能。它既使用方便，经久耐用，又很干净，不污染环境，是比较理想的一种电源。但是太阳能汽车的推广和发展还受到很多条件的限制。太阳能的吸收与存储受到地形及气候的制约，无法百分之百转化成电能。太阳能电池板的制造成本也较高，体积较大等等都是太阳能汽车发展所面临的现实问题。

课题四　汽车新材料

随着汽车技术的发展，人们对汽车性能的要求也越来越高。一些高强度、高性能、轻质量的新型材料被运用到汽车生产中。实验证明，若汽车整车质量降低10%，燃油效率可提高6%~8%。

一 有色金属

1 铝及铝合金

铝的密度约为钢的三分之一，是汽车领域应用最为广泛的轻量化材料。铝合金具有比重小、比强度高、工作性能好、散热性能好等优点，被用于制造发动机缸体、活塞、汽缸盖（图8-37）、变速器壳体、车身骨架（图8-38）、车轮等部件。据统计，1978年一辆中级轿车铝材料的使用量（世界平均）约为32kg，1998年增加到85kg，即在20年内翻了一番还多，增长1.7倍。据预测，至2015年，每辆轿车铝的使用量将达到200kg。这意味着一辆普通轿车约六分之一左右使用的是铝材。

图8-37　铝合金汽缸盖

图8-38　铝合金车身

2 镁及镁合金

镁的密度约为铝的2/3，是汽车实际应用中最轻的金属之一。镁合金的密度小，比强度高，散热好，消振性好，承受冲击载荷能力比铝合金大，很适合制造汽车零部件。在汽车上使用的镁合金大部分是压铸件。镁压铸件的生产效率比铝高30%~50%。在汽车领域应用的镁合金实例有车轮、离合器壳体、离合器踏板、制动踏板固定支架、转向盘轮芯、汽缸和汽缸盖罩盖等。

二　塑料

塑料的主要成分是树脂。塑料在一定温度和压力下能塑造成一定的形状，并能在常温下保持既有的形状。它具有密度小、强度高、化学稳定性好、绝缘性能好、耐磨损、自润滑性、消声性和吸振性好等优点。作为汽车材料的最大优势是塑料材料比金属材料轻，可塑性强。目前，在汽车制造中塑料件平均用量已达15%左右，有的甚至达到20%以上。无论是外装饰件、内装饰件还是功能结构件，在汽车中到处都可以看到塑料的影子。塑料已经成为现代汽车制造业不可缺少的原料。有的汽车塑料用量已经超过120kg，德国奔驰汽车的塑料使用量已经达到150kg。随着汽车轻量化进程的加速，塑料在汽车中的应用将更加广泛。全塑车身将是未来汽车的发展方向

三　碳纤维

碳纤维是由碳元素构成的无机纤维。纤维的碳含量大于90%。它不仅具有碳材料的固有本征特性，又兼具纺织纤维的柔软可加工性，是新一代增强纤维。碳纤维是一种力学性能优异的新材料，它的密度不到钢的1/4，碳纤维树脂复合材料抗拉强度一般都在

3500MPa 以上，是钢的 7~9 倍。

碳纤维由于性能强、密度小，所以被广泛应用于航空航天领域。由于成本较高，在汽车领域只能在赛车和一些高端轿车上使用。随着碳纤维合成技术的进步，碳纤维材料进入民用汽车领域指日可待。

实践活动

1. 举例说明你知道的汽车新技术。
2. 根据本项目的内容分析太阳能汽车生产的可行性。
3. 利用视频和网络了解汽车新技术，观察你周围亲戚朋友的车辆，看看车上有哪些先进的技术，并描述这些新技术的优点。
4. 大胆设想未来汽车，自己设计并画出一辆未来的汽车，说明车辆的亮点。
5. 调查本地区汽车新能源、新材料应用现状，并完成500字的实践报告。

参 考 文 献

[1] 杨筱玲，梁辉．汽车文化与概论 [M]．北京：人民交通出版社，2012．
[2] 宋景芬．汽车文化 [M]．北京：人民交通出版社，2012．
[3] 唐顺华，黄关山．汽车文化 [M]．北京：人民交通出版社，2011．
[4] 朗全栋．汽车文化 [M]．北京：人民交通出版社，2010．
[5] 余明星，张宏立．汽车文化与概论 [M]．北京：人民交通出版社，2012．
[6] 屠卫星．汽车文化 [M].2 版．北京：人民交通出版社，2010．
[7] 李青，刘新江．汽车文化 [M]．北京：人民交通出版社，2010．
[8] 史文库．汽车新技术 [M]．北京：人民交通出版社，2010．
[9] 崔胜民，含家军．新能源汽车概论 [M]．北京：北京大学出版社，2011．
[10] 汪涛，李松焱．汽车文化 [M]．北京：国防工业出版社，2011．
[11] 嵇伟，桂江．汽车新技术新配置 [M]．北京：机械工业出版社，2012．
[12] 程国华，程盛．百年汽车名人 [M]．北京：机械工业出版社，2007．